ASSiMiL®

Langues de poche

Mise en pages : **ASSIMIL** France

ISBN 978-2-7005-0455-2
ISSN 2109-6643

La version originale de cet ouvrage est parue en allemand sous le titre **Brasilianisch Wort für Wort**, aux éditions Reise Know-How Verlag Peter Rump GmbH, Bielefeld.

Le Brésilien de poche

Clemens Schrage
adaptation française de Naiana Bueno

Illustrations de J.-L. Goussé

Le don des langues

B.P. 25
94431 Chennevières sur Marne Cedex
FRANCE

La Collection
Langues de poche

Afrikaans – Albanais – Allemand – Alsacien – Anglais – Anglais pour globe-trotters – Anglais australien – Arabe algérien – Arabe égyptien – Arabe libanais – Arabe littéraire – Arabe marocain – Arabe tunisien – Arabe des pays du Golfe – Arménien – Auvergnat – Basque – Brésilien – Breton – Bruxellois – Bulgare – Calédonien – Catalan – Chinois – Chtimi – Coréen – Corse – Créole capverdien – Créole guadeloupéen – Créole guyanais – Créole haïtien – Créole martiniquais – Créole mauricien – Créole réunionnais – Croate – Danois – Espagnol – Espagnol d'Argentine – Espagnol de Cuba – Espagnol de République dominicaine – Espagnol du Mexique – Espéranto – Estonien – Finnois – Flamand – Francoprovençal – Gallois – Gascon – Géorgien – Grec – Hébreu – Hiéroglyphe – Hindi – Hongrois – Indonésien – Irlandais – Islandais – Italien – Italien pour fans d'opéra – Japonais – Kabyle – Lao – Languedocien – Letton – Lingala – Lituanien – Luxembourgeois – Lyonnais – Malgache – Maltais – Maori – Marseillais – Néerlandais – Norvégien – Ourdou – Picard – Platt lorrain – Polonais – Portugais – Provençal –Québécois – Roumain – Rromani – Russe – Serbe – Slovaque – Slovène – Suédois – Suisse alémanique – Tagalog – Tahitien – Tamoul – Tchèque – Thaï – Tibétain – Turc – Vietnamien – Wallon – Wolof – Zoulou

Français à l'usage des étrangers

- anglophones
- germanophones
- hispanophones
- Hongrois
- Italiens
- Japonais
- lusophones
- néerlandophones
- Polonais
- russophones
- Turcs

Sans interdits (Argot)

- Américain
- Anglais
- Bruxellois
- Espagnol
- Flamand
- Argot français pour néerlandophones
- Wallon

* En cours de réalisation, à paraître prochainement.

ASSiMiL
Langues de poche

Assimil,
une recette différente

Vos ingrédients :

- un condensé de grammaire ;
- une bonne dose de conversation, à base d'éléments nutritifs et variés ;
- un saupoudrage savamment dosé de conseils d'amis et de tuyaux sur les coutumes locales ;
- une bibliographie légère ;
- en dessert, un double lexique ;
- pour pimenter un peu le menu, un zeste d'humour avec nos illustrations souriantes ;
- et, en prime, six rabats ingénieux pour vous mettre en appétit.

Il ne vous reste plus qu'à mettre les pieds sous la table pour déguster ce repas équilibré au gré de votre appétit, et en tirer tous les bienfaits : confiance, joie de communiquer et de devenir un peu plus qu'un simple touriste.

Ce manuel ne prétend pas remplacer un cours de langue, mais si vous investissez un peu de temps dans sa lecture et apprenez quelques phrases, vous pourrez très vite communiquer. Tout sera alors différent, vous vivrez une expérience nouvelle.

Un conseil : ne cherchez pas la perfection ! Vos interlocuteurs vous pardonneront volontiers les petites fautes que vous pourriez commettre au début. **Le plus important, c'est d'abandonner vos complexes et d'oser parler.**

SOMMAIRE

AVANT-PROPOS

GRAMMAIRE

CONVERSATION

LEXIQUES

AVANT-PROPOS

La langue constitue une partie essentielle de la culture d'un peuple, c'est-à-dire de son système de valeurs, de ses normes, de ses sentiments et bien plus encore. Pour comprendre un peuple et aller au-delà des clichés, il faut donc comprendre – au moins un peu – sa langue.

Quelques mots et un minimum de connaissances grammaticales vous permettront déjà de participer activement à la vie sur place. Avec les bases que vous aurez acquises à la lecture de cet ouvrage, vous pourrez commencer à comprendre la manière d'être des Brésiliens. Très vite, vous apprendrez à partager leurs joies et leurs peines dans les situations les plus diverses de la vie quotidienne, vous découvrirez le Brésil autrement qu'en simple touriste et serez en même temps perçu différemment.

Le Brésil est un pays à multiples facettes où se côtoient richesse et pauvreté, végétation luxuriante et aridité extrême, origines européennes, africaines et amérindiennes…

Mosaïque culturelle, cet immense pays abrite en effet des populations d'origines très différentes. Depuis sa découverte par les Portugais, le Brésil a connu de nombreuses vagues migratoires – allemande, italienne, libanaise, japonaise, sans oublier l'arrivée massive des esclaves d'Afrique noire tout au long des XVIe et XVIIe siècles. Contribuant de manière significative au développement du pays, cet ensemble hétéroclite a également marqué son paysage linguistique et culturel, urbain et économique. Entre l'Amazonie des autochtones, merveilleux monde qui peu à peu part en fumée, et le Rio Grande do Sul abritant une population en partie blonde aux yeux clairs, que de diversités et de contrastes !

LE BRÉSILIEN : UNE LANGUE À PART ENTIÈRE ?

Le brésilien est, depuis qu'il existe et malgré l'évolution de la langue, communément considéré comme du portugais. Pourtant, le portugais du Brésil est, d'une façon générale, très différent de celui que l'on parle au Portugal. C'est un peu comme entre le français parlé dans l'Hexagone et le québécois : la compréhension mutuelle n'est pas toujours évidente…

Au Brésil, jusqu'au XVIIIe siècle, on parlait la **língua geral** (littéralement "langue générale"), qui était en fait du **tupi**, langue indienne de la famille du guarani, encore pratiquée de nos jours au Paraguay. La langue portugaise était arrivée avec les colons portugais et fut diffusée par les jésuites qui se dédiaient à l'éducation et à la catéchisation des population autochtones, en particulier les Indiens. Dans la première moitié du XVIIIe siècle, émergea un important conflit de pouvoir entre jésuites et colons : les colons voulaient disposer de la main-d'œuvre de manière presque esclavagiste, alors que les jésuites voulaient donner la priorité à la catéchisation. Le conflit prit des proportions telles que le marquis de Pombal, Premier ministre de l'époque, décida tout bonnement d'expulser les jésuites du pays, arguant que ces derniers voulaient prendre les rennes de l'État. Avec l'expulsion des jésuites en 1759, le marquis de Pombal modifia toute la structure de l'éducation et décréta le portugais langue officielle du Brésil.

À cette époque-là, la langue portugaise s'était déjà enrichie des apports du **tupi** et des langues africaines. Aujourd'hui encore, presque tous les noms d'animaux et de plantes proviennent du tupi-guarani ; de même, les cours d'eau, les montagnes et les plages portent dans la plupart des cas un nom indien ; et puis, sachez que *carioca*, dénomination des personnes originaires de Rio, signifie "maison blanche" en tupi-guarani.

Ces mélanges et influences de vocabulaires et d'accents créent une véritable différence entre le portugais du Portugal et celui du Brésil. Par ailleurs, l'emploi d'un certain nombre de mots d'origine portugaise diffère d'un pays à l'autre. Ainsi par exemple, les Portugais prennent-ils couramment un **comboio**, *train*, pour voyager, alors que pour les Brésiliens, un *train* est un **trem** et un **comboio** un *convoi*... Au Portugal, les *tramways* se nomment **elétricos**, alors qu'au Brésil ce sont des **bondes**. D'autres termes peuvent être à l'origine de situations embarrassantes, comme par exemple le mot **bicha** qui, en portugais, est synonyme de *queue/file d'attente*, alors qu'en brésilien c'est un terme péjoratif pour *homosexuel* !

Quoi qu'il en soit, plongez-vous avec plaisir dans votre *Brésilien de Poche* et, dès que possible, commencez à parler ! Les Brésiliens sont généralement très communicatifs et font beaucoup d'efforts pour comprendre les étrangers, même si la conversation doit partiellement se faire en langue des signes !

MODE D'EMPLOI

La grammaire

Elle se limite à l'essentiel et se présente avec un maximum de simplicité et de rigueur. Nous avons volontairement laissé de côté certaines particularités grammaticales ainsi que les exceptions et nuances qu'il n'est pas indispensable de connaître.

Parcourez les différents chapitres sans chercher à tout retenir d'emblée. Vous pourrez revenir sur des points particuliers quand vous en ressentirez le besoin, au fil de vos lectures de la partie **Conversation**.

La conversation

Elle aborde les thèmes utiles lors d'un voyage au Brésil (pour s'orienter, se déplacer, aller à l'hôtel, manger et boire...) et vous donne de nombreux renseignements pratiques.

Les lexiques

Ils rassemblent, à la fin du livre, environ 2 000 mots avec lesquels vous pourrez faire face à la plupart des situations de la vie quotidienne.

Comment utiliser les phrases-exemples

Tout au long de votre lecture, vous trouverez de nombreuses phrases utiles, que vous pourrez réemployer telles quelles ou qui vous serviront de base pour en créer d'autres, avec un vocabulaire différent.

- La première ligne, en gras, correspond à la **phrase en brésilien**.
- La deuxième ligne vous donne la *prononciation*. La transcription phonétique est conçue pour être lue, en gros, comme du français (voir chapitre ***Prononciation et accentuation***).
- La troisième ligne, en petits caractères, indique la traduction mot à mot. Cette traduction vous permettra de voir plus facilement comment se construit la phrase brésilienne. Chaque mot y est traduit littéralement.
- La dernière ligne correspond à la traduction en français courant.

Eu gosto de dançar samba.
é^{o} gòsst^{ou} dji dãnssar ssãnba
je aime de danser samba
J'aime danser la samba.

Dans la transcription phonétique, faites bien attention aux parties soulignées : il s'agit des syllabes portant l'accent tonique, qui sont à prononcer de manière plus appuyée. Pour bien vous faire comprendre, il est important que vous appreniez à bien placer cet accent au bon endroit. Ainsi par exemple pour **mesa** *méza, table*, appuyez bien sur la première syllabe et non sur la dernière !

Certaines lettres ou combinaisons de lettres se prononcent de façon très atténuée dans des cas précis. Nous avons choisi de transcrire ces "sons atténués" en les mettant en exposant : ^{ou}, par exemple.

Parfois, deux ou plusieurs mots sont nécessaires pour traduire un mot brésilien. Dans ce cas, nous les relions par un ou plusieurs tirets dans la traduction mot à mot :

Eu fui à maior floresta do mundo.
é^{o} fouï a maïòr florèssta d^{ou} mõund^{ou}
je suis-allé à-la plus-grande forêt du monde
J'ai visité la plus grande forêt du monde.

Les chiffres

Petit plus pour vous faciliter l'arithmétique : dans ce livre, les numéros de pages sont indiqués en brésilien. Pensez-y quand vous aurez besoin de compter !

Les rabats

Ils vous permettent de retrouver très vite des éléments essentiels pour comprendre et vous faire comprendre sans avoir

à feuilleter votre guide. Dans certains cas, quand cela nous paraît utile, nous y présentons d'abord les mots ou phrases en français.
Et si un jour vous êtes un peu perdu dans vos facultés linguistiques (l'émotion, certainement !), vous pourrez toujours vous référer au rabat ***Rien compris ? Essayez ça !***, véritable *nec plus ultra* des essentiels de la communication !

Abréviations utilisées dans ce guide

(f.)	féminin	(m.)	masculin
(sing.)	singulier	(pl.)	pluriel
(pers.)	personne		

Dans les listes de vocabulaire, lorsque le genre des noms est différent en brésilien et en français, nous vous signalerons le genre du mot brésilien par (m.) / (f.).

PRONONCIATION ET ACCENTUATION

La prononciation du brésilien n'est pas difficile. Son rythme chantant est particulièrement agréable à écouter. Une fois que vous vous serez "fait l'oreille", votre prononciation deviendra vite très proche de celle des Brésiliens. Comme vous le savez, le Brésil est un pays gigantesque où l'on trouve un mélange énorme de cultures, d'influences et d'accents. Nous avons par conséquent dû faire un choix. La transcription phonétique que nous vous proposons tout au long de cet ouvrage correspond à la prononciation de São Paulo, qui est assez courante et dont l'accent n'est pas trop marqué.
Dans une grande partie des cas, la dernière syllabe des mots est prononcée de façon atténuée. Cependant il n'existe pas de règle générale pour savoir quand ne pas prononcer la dernière syllabe de façon atténuée… Sauf bien sûr quand il s'agit d'une dernière syllabe tonique.

Souvenez-vous : Les sons notés $^{en\ exposant}$ se prononcent de façon très atténuée. Les syllabes soulignées représentent l'accent tonique, prononcez-les de manière plus appuyée.

Les voyelles

Lettre(s) / Transcription / Explication / Exemple			
a	soit	*a*	comme dans *sac* **fruta** *frouta* fruit
	soit	*æ*	prononcez entre **a** et **e** quand il est suivi de **m** ou **n** à la syllabe suivante **cama** *kæma* lit
e	soit	*é*	fermé comme dans *été* **segundo** *ségound*^{ou} seconde
	soit	*è*	ouvert comme dans *chèvre* ; marque la syllabe tonique quand le mot ne porte pas d'accent écrit **alegre** *alègr*^{i} joyeux
	soit	^{i}	comme dans *fini*, mais très atténué ; il apparaît toujours à la fin des mots en **-e** (singulier) ou **-es** (pluriel) **nome / nomes** *nom*^{i} / *nom*^{i}*ss* nom(s)
ê		*é*	fermé comme dans *été* [**Attention**, **ês** en fin de mot se prononce *èiss* : **três** *tréiss* trois] **você** *vossé* vous/tu
é		*è*	ouvert comme dans *chèvre* **pé** *pè* pied
i / í		*i*	comme en français **isso** *iss*^{ou} ceci ; **mídia** *midi*^{a} média
o	soit	*o*	le prononcer fermé comme dans *pot* **força** *forssa* force
	soit	*ò*	ouvert comme dans *porte* quand il s'agit de la syllabe tonique **porta** *pòrta* porte/portière

	soit	*^{ou}*	le prononcer de façon très atténuée quand il apparaît en fin de mot **o carro** *ou kaR^{ou}* la voiture
	soit	*ou*	quand il s'agit de l'article **o** / **os** **os carros** *ouss kaR^{ou}ss* les voitures
ó		*ò*	il est toujours ouvert comme dans *porte* **após** *apòss* après
u / ú		*ou*	comme dans *mou* **natural** *natoura^{o}* naturel

Combinaisons de voyelles

Lorsque deux voyelles se suivent, chacune d'elles est prononcée séparément. Mais leur prononciation peut changer en fin de mot. Voici quelques exemples avec les combinaisons les plus utilisées en brésilien :

Lettre(s) / Transcription / Explication / Exemple			
aí		*aï*	comme dans *maïs* **raíz** *raïss* racine
ai	soit	*aï*	comme dans *ail* **raiar** *raïar* poindre
	soit	*a^{i}*	quand **ai** apparaît en fin de mot **pai** *pa^{ï}* père
au	soit	*a^{ou}*	comme dans *miaou* **aumentar** *a^{ou}méntar* augmenter
	soit	*a^{o}*	quand **au** apparaît en fin de mot **mau** *ma^{o}* mauvais
aú		*aou*	prononcer comme *miaou*, mais en séparant bien le *a* et le *ou* **saúde** *ssaoudji* santé
ei	soit	*éï*	comme dans *déifier* **reinvestir** *réïnvésstir* réinvestir
	soit	*é^{i}*	en fin de mot **sei** *ssé^{ï}* je sais
eu	soit	*éou*	quand il apparaît au début ou au milieu du mot **Euro** *éour^{ou}* Euro
	soit	*é^{o}*	quand **eu** apparaît en fin de mot au singulier ou bien au pluriel **eu(s)**

		ou quand il s'agit du pronom "je" **europeus** *éouropéºss* européens **Eu sou europeu** *éº ssoºᵘ éouropéº* Je suis européen
éu	*èº*	il n'apparaît qu'à la fin des mots **céu** *ssèº* ciel
ia	*iª*	le **a** de **ia** est prononcé de façon atténuée en fin de mot **pia** *piª* robinet
oa	*oa*	quand **oa** apparaît à la fin des mots **mágoa** *màgoa* ressentiment
oi	*oⁱ*	pas d'équivalent en français **coisa** *koⁱza* chose/truc
ou	*oºᵘ*	dans tous les cas **vou ou não vou?** *voºᵘ oºᵘ nãºⁿ voºᵘ* J'y vais ou je n'y vais pas ?

Les nasales

Un son nasal est un son qui résonne dans la cavité nasale, comme par exemple les sons *an, in, on, oin...* en français. Dans notre transcription, les nasales sont caractérisées par le signe ~ ; pensez à bien prononcer les voyelles surmontées de ce signe "avec le nez".

• Voyelles nasales

Lettre(s) / Transcription / Explication / Exemple		
ã	*ã*	proche du "in" de matin, mais plus ouvert **manhã** *magnã* matin
ãe	*ãeⁱⁿᵍ*	æ nasal suivi d'un petit "ing" de parking **mãe** *mãeⁱⁿᵍ* mère/maman
ão	*ãºⁿ*	*in + on* enchaînés rapidement **mão** *mãºⁿ* main
õe	*õⁱⁿᵍ*	**o** fermé suivi d'un petit "ing" de parking **põe** *põⁱⁿᵍ* il met

• **Autres nasales**

Lorsque la combinaison **voyelle** + **m** ou **n** se trouve dans la même syllabe, nous la prononçons de forme nasale :

Lettre(s)	Transcription	Explication / Exemple
an / ân / am	*ãn*	prononcez "an" en ouvrant bien la bouche et en vous pinçant le nez **dança** *dãnssa* danse **cantam** *kãntãn* ils chantent **tolerância** *toléřãnssi*[a] tolérance
en / em	*ẽn*	prononcez *én* en vous pinçant le nez **tenda** *tẽnda* tente **bagagem** *bagagẽn* bagage
in / im	*ĩn*	prononcez *i+n* en vous pinçant le nez **linda** *lĩnda* belle **jardim** *jardĩn* jardin
on / om	*õn*	comme dans *bon* **bonde** *bõndji* tramway **garçom** *garssõn* serveur
un / um	*õun*	prononcez *oun* en vous pinçant le nez **mundo** *mõund*[ou] monde Exception : numéral et articles indéfinis **um / uma(s)** *õum / õuma(ss)* le / les **nenhum** *négnõum* aucun

Consonnes et combinaisons de consonnes

La plupart des consonnes se prononcent de la même manière en brésilien et en français. Voici quelques explications complémentaires :

Lettre(s)	Transcription	Explication / Exemple
l soit	*l*	comme en français **levar** *lévar* emporter
soit	*ou*	quand il est précédé d'une voyelle en milieu de mot **algum** *aougoun* quelque

	soit	°	s'il est précédé d'une voyelle en fin de mot **-al / -el / -il /-ol / -ul** se prononcent donc *a*° */ è*° */ i*° */ ò*° */ ou*° **portal** *porta*° portail **mel** *mè*° miel **Brasil** *brazi*° Brésil
h	soit	*R*	dans les mots d'origine étrangère ayant un h aspiré **hippie** *Rippi* hippie
	soit	*Ø*	il est muet, comme en français ; il n'est donc pas transcrit **homem** *omẽn* homme
r	soit	*r*	légèrement roulé à la fin ou au milieu des mots **caro** *kar*^{ou} cher / **mar** *mar* mer
	soit	*R*	raclé en début de mot **rota** *Ròta* route
rr		*R*	ce r doublé, que l'on prononce raclé, n'apparaît qu'en milieu mot **carro** *kaR*^{ou} voiture
s	soit	*z*	quand il précède une voyelle dans le mot **coisa** *ko*^{i}*za* chose/truc
	soit	*ss*	dans tous les autres cas **coisas** *ko*^{i}*zass* choses/trucs
ss		*ss*	comme en français **passar** *passar* passer
x	soit	*ch*	comme dans *chèvre* **xícara** *chicara* tasse
	soit	*ss*	quand dans la même syllabe il y a le **x** précédé par **e** **exterior** *ésstérior* extérieur
	soit	*kss*	comme dans *excès* **sexo** *ssékss*^{ou} sexe
	soit	*z*	comme dans *exécuter* **existir** *ézisstir* exister
lh		*li*	comme dans *dahlia* **trabalho** *trabali*^{ou} travail
nh		*gn*	comme dans *campagne* **vizinho** *vizign*^{ou} voisin

d + i	*dji*	comme dans *Djibouti* **dia** *dji*^{a} jour
d + e	*dji* *dé*	comme dans *Djibouti*, uniquement en fin de mot et pour la préposition **de** **desde** *déssdji* dès/depuis
t + i	*tchi*	comme dans *tchin-tchin* **time** *tchimé* équipe
t + e soit soit	*té* *tch*^{i}	au début ou au milieu des mots **televisâo** *televiza*^{on} télévision à la fin des mots **chocolate** *chokolatch*^{i} chocolat
güa / gua	*g*^{ou}*a*	comme dans *Guatemala* **água** *ag*^{ou}*a* eau **agüar** *ag*^{ou}*ar* arroser
güe	*g*^{ou}*é*	comme dans *gouet* **agüentar** *ag*^{ou}*éntar* supporter quelque chose
gue	*gué*	comme dans *guérir* **guerra** *guéRa* guerre
guês	*guéïss*	il apparaît toujours en fin de mot **freguês** *fréguéïss* client
gun	*goun*	il apparaît toujours en milieu de mot **perguntar** *pérgountar* demander
que soit soit soit	*kè* *ké* *ki*	comme dans *quelle* **quero** *kèr*^{ou} je veux comme dans *quémander* **queimar** *kéïmar* brûler de *kimono* pour les conjonctions **o sol que brilha** *ou sso*^{o} *ki bril*^{a} le soleil qui brille
qui	*ki*	comme dans *kimono* **aqui** *aki* ici
qua	*k*^{ou}*a*	comme dans *quoi* **quatro** *k*^{ou}*atr*^{ou} quatre

Variantes régionales

Un pays aussi gigantesque que le Brésil connaît bien entendu des variantes régionales. Ces différences sont cependant loin d'être aussi marquées que la différence entre le brésilien et le portugais par exemple. Voici une liste des variantes les plus évidentes :

• L'accent du **Nordeste** est très chantant et les voyelles sont prononcées de façon plus traînante. Parallèlement, certaines syllabes sont avalées, de même que les **r** en fin de mot, ce qui ne facilite pas toujours la compréhension...

Autres caractéristiques :

– **e** est souvent prononcé *è* (sauf en fin de mot) :

segundo
ssègound^{ou}
seconde

– **o** se prononce toujours très ouvert *ò* :

coisa	**O que você quer comer?**
kò^{i}*za*	*ou ki vòssè kè kòmé*
chose/truc	Que veux-tu manger ?

• Dans le **sud** du pays, les gens parlent plus vite et de façon très enchaînée, ce qui peut rendre la compréhension plus difficile pour qui n'a pas l'habitude.

– **e** est prononcé *é* en fin de mot :

leite	**Esse leite está quente!**
léïté	*éssé léïté ésstà kẽnté*
lait	Ce lait est chaud !

• À **Rio** et dans certaines régions du Sud-Est brésilien, certaines lettres sont prononcées de façon différente.

ESSE LEITE ESTÁ QUENTE !

(Ce lait est chaud !)

– **s** se prononce toujours *ch* :

> **postais**
> *pochtaïch*
> cartes postales

– **r** *r* prononcé comme le **r** en français (non roulé) en fin de syllabe et en fin de mot :

porta	**mar**	**Estas praias são lindas!**
porta	*mar*	*échtach praïach ssão*n *līndach*
porte	mer	Ces plages sont trop belles !

Un conseil : écoutez les chansons de Jorge Ben (accent de Rio), Rita Lee (issue de São Paulo, elle en a aussi l'accent) et Luis Gonzaga (né à Pernambuco, il chante avec l'accent du Nordeste). Cela vous mettra agréablement dans l'ambiance et vous aidera à assimiler les sonorités de la langue et les accents plus répandus du pays. Lorsque vous aurez pris un peu d'assurance, n'hésitez pas à chanter à voix haute ; c'est un excellent exercice !

L'ORDRE DES MOTS ET LA CONSTRUCTION DE LA PHRASE

Les phrases données en exemple jusqu'ici montrent que la phrase se construit souvent sur le principe sujet-verbe-complément.

Sujet	Verbe	Complément
Ele	**tem**	**documentos.**
éli	*tẽn*	*dokoumẽntouss*
Il	a	des papiers.
Ele	**não tem**	**documentos.**
éli	*nãon tẽn*	*dokoumẽntouss*
Il	n'a pas	de papiers.

En règle générale, l'adjectif se place derrière le nom qu'il détermine :

O hotel tem quartos grandes.
ou otéo tẽn kouartouss grãndiss
le hôtel a chambres grandes
L'hôtel a de grandes chambres.

L'adverbe se place derrière le verbe auquel il se rapporte :

Ele andava devagar.
éli ãndava djivagar
Il marchait lentement.

S'il modifie un adjectif, l'adverbe se place devant celui-ci :

Ele ficou meio bobo.
él[i] fiko[ou] méi[ou] bobo
il en-resta à-moitié hébété
Il en resta pantois.

Les adverbes de temps et de lieu peuvent se placer devant ou derrière le mot auquel ils se rapportent :

Ontem eu fui nadar.
ontẽn é[o] foui nadar
hier je suis-allé nager
Hier je suis allé nager.

Aquela rua é muito longe.
akèla Roua è mouit[ou] lõng[i]
cette rue-là est très loin
Cette rue-là est très loin.

L'ARTICLE

Défini

	Singulier			Pluriel		
Féminin	**a**	*a*	la	**as**	*ass*	les
Masculin	**o**	*ou*	le	**os**	*ouss*	les

Indéfini

	Singulier			Pluriel		
Féminin	**uma**	*õuma*	une	**umas**	*õumass*	des
Masculin	**um**	*õum*	un	**uns**	*õunss*	des

Attention : l'article partitif (du beurre, etc.) n'existe pas en brésilien ; on ne met donc rien là où le français met un partitif.

Você quer vinho?
vossé kèr vign[ou]
tu veux vin
Veux-tu du vin ?

Eu tenho amigos.
é^{o} tégn^{ou} amig^{ou}ss
je ai amis
J'ai des amis.

LES SUBSTANTIFS (NOMS COMMUNS)

Le genre

Comme en français, les substantifs peuvent être masculins ou féminins. Pour les êtres vivants, c'est le sexe qui détermine en général le genre et la terminaison. Voici les règles essentielles :

- **Masculin et féminin réguliers**

Tous les substantifs qui se terminent par **-o** au masculin forment leur féminin en **-a**.

o menino *ou ménin^{ou}* le garçon	**a menina** *a ménina* la fille

- **Masculin et féminin irréguliers**

Voici les principales règles pour la formation des masculins et des féminins irréguliers :

- Mots en **-ão**, féminin en **-ã** :

o irmão *ou irmã^{on}* le frère	**a irmã** *a irmã* la sœur

- Mots en **-ês**, féminin en **-esa** :

o francês *ou frãnsséïss* le français	**a francesa** *a frãnsséza* la française

• Masculin en **-eu**, féminin en **-éia** ou **-ia** :

um europeu	**uma européia**
õum éouropé°	*õuma éouropèi^a*
un Européen	une Européenne

• Masculin en **-or**, féminin en **-ora** ou **-triz** :

o vendedor	**a vendedora**
ou vẽndédor	*a vẽndédora*
le vendeur	le vendeuse
o ator	**a atriz**
ou ator	*a atriss*
l'acteur	l'actrice

• Les substantifs féminins

La majorité des noms féminins se terminent en **-a**. Mais il y a d'autres terminaisons typiques du féminin :

-agem	**a viagem** (f.)	*a viagẽn*	le voyage
-riz	**a atriz**	*a atriss*	l'actrice
-ã	**a irmã**	*a irmã*	la sœur

Mais certains noms en **-ão** sont eux aussi féminins : **a pensão** *a pénssã^on, la pension*, **a refeição** *a réféïssã^on, le repas.*

• Les substantifs masculins

La plupart des noms masculins se terminent en **-o**. Mais il y a d'autres terminaisons typiques du masculin :

-or	**o senhor**	*ou ségnor*	le monsieur
	o ator	*ou ator*	l'acteur
-ês	**o freguês**	*ou fréguéïss*	le client

Attention : certains noms masculins se terminent en **-a** ! Voici les plus courants :

o dia	*ou dji^a*	le jour
o planeta*(m.)	*ou planéta*	la planète

o problema	*ou problema*	le problème
o clima	*ou klima*	le climat
o mapa	*ou mapa*	le plan, la carte géographique

* Notez que **o planeta** est masculin en brésilien.

D'autres noms en **-a** peuvent êtres masculins ou féminins :

o / a artista	*ou / a artchissta*	l'artiste

Formation du pluriel des noms et des adjectifs

Le pluriel des noms et des adjectifs se forme de plusieurs façons.

• En ajoutant un **-s** à la fin des mots qui finissent en voyelle ou diphtongue :

pé *pè* le pied	→	**pés** *pèss* les pieds
herói *éroⁱ* le héros	→	**heróis** *éroⁱss* les héros
grande *grãndji* grand(e)	→	**grandes** *grãndjiss* grand(e)s

• En ajoutant un **-is** à la place du **l** aux mots au singulier qui finissent en **-al** ; **-el** ; **-ol** ; **-ul** :

animal *animaº* animal	→	**animais** *animaïss* animaux
azul *azouº* bleu	→	**azuis** *azouºiss* bleus

• En ajoutant **-eis** à la place du **-il** aux mots qui n'ont pas la dernière syllabe tonique :

fóssil		**fósseis**
fòssi^{o}	→	*fòssé*^{i}*ss*
fossile		fossiles

• En changeant la terminaison **-ão** par les pluriels **-ões**, **-ães** ou **-ãos** :

coração		**corações**
korassã^{on}	→	*korassõ*^{ing}*ss*
cœur		cœurs
pão		**pães**
pã^{on}	→	*pãe*^{ing}*ss*
pain		pains

• Pour les noms et adjectifs en **-em/-im/-om/-um**, **m** devient **ns** :

homem		**homens**
omẽn	→	*omẽnss*
homme		hommes
bom		**bons**
bõn	→	*bõnss*
bon		bons

• Les mots en **-r**, ou **-z** prennent la terminaison **-es** :

mulher		**mulheres**
moulièr	→	*moulièr*^{i}*ss*
femme		femmes
feliz		**felizes**
féliss	→	*féliz*^{i}*ss*
heureux		heureux

• Encore quelques adjectifs au pluriel

baratas, baratos	*baratass, baratᵒᵘss*	bon marché
boas, bons	*boass, bõnss*	bonnes, bons
bonitas, bonitos	*bonitass, bonitᵒᵘss*	jolies, jolis
caras, caros	*karass, karᵒᵘss*	chères, chers
feias, feios	*féïass, féïᵒᵘss*	laides, laids
limpas, limpos	*lĩnpass, lĩnpᵒᵘss*	propres

L'ADJECTIF

Le genre

• Masculin et féminin réguliers

Les adjectifs s'accordent en genre et en nombre avec le nom qu'ils qualifient suivant les mêmes règles que les noms. Tous les adjectifs qui se terminent par **-o** (masculin) prennent un **-a** au féminin. Les adjectifs en **-e** ont la même forme au masculin et au féminin.

Voici une liste d'adjectifs courants avec leur contraire :

aberto / fechado	*abèrtᵒᵘ / féchadᵒᵘ*	ouvert / fermé
baixo / alto	*baïchᵒᵘ / aoutᵒᵘ*	bas / haut
barato / caro	*baratᵒᵘ / karᵒᵘ*	bon marché / cher
bonito / feio	*bonitᵒᵘ / féïᵒᵘ*	joli / laid
duro / mole	*dourᵒᵘ / mòlⁱ*	dur / mou
escuro / claro	*ésskourᵒᵘ / klarᵒᵘ*	sombre / clair
fácil / difícil	*fassiᵒ / dificiᵒ*	facile / difficile
forte / fraco	*fòrtchⁱ / frakᵒᵘ*	fort / faible
grande / pequeno	*grãndji / pékénᵒᵘ*	grand / petit
lento / rápido	*lẽntᵒᵘ / rapidᵒᵘ*	lent / rapide
leve / pesado	*lèvⁱ / pézadᵒᵘ*	léger / lourd
limpo / sujo	*lĩnpᵒᵘ / ssoujᵒᵘ*	propre / sale

novo / velho	*novᵒᵘ / vèliᵒᵘ*	neuf / vieux
perto / longe	*pèrtᵒᵘ / lõngⁱ*	proche / éloigné
quente / frio	*kéntchi / friᵒᵘ*	chaud / froid
bom / mau	*bõn / maᵒ*	bon / mauvais

• Masculin et féminin irréguliers

• Adjectifs en **-ão**, féminin en **-ã** :

são		**sã**
ssãᵒⁿ	→	*ssãn*
sain		saine

• Mots en **-ês**, féminin en **-esa** :

francês		**francesa**
frãnsséïss	→	*frãnsséza*
français		française

• Masculin en **-eu**, féminin en **-éia** ou **-ia** :

europeu		**européia**
éouropéᵒ	→	*éouropéiᵃ*
européen		européenne

• Masculin en **-or**, féminin en **-ora** ou **-triz** :

o vendedor		**a vendedora**
ou vẽndédor	→	*a vẽndédora*
le vendeur		le vendeuse
o ator		**a atriz**
ou ator	→	*a atriss*
l'acteur		l'actrice

• Les adjectifs en **-il**, **-el** ne changent pas de forme au féminin.

João é gentil.	**Maria é gentil.**
joãᵒⁿ è gẽntiᵒ	*mariᵃ è gẽntiᵒ*
João est gentil.	Maria est gentille.

um bar agradável
õum bar agradàvéo
un bar agréable

uma praia agradável
õuma praia agradàvéo
une plage agréable

Les couleurs

a cor	*a kor*	la couleur
as cores	*ass korïss*	les couleurs
amarelo	*æmarélou*	jaune
azul	*azouo*	bleu
branco	*brãnkou*	blanc
castanho	*kasstagnou*	châtain
cinza	*ssĩnza*	gris
laranja	*larãnja*	orange
cor-de-rosa	*kor dji roza*	rose
marrom	*maRõn*	brun, marron
preto	*prétou*	noir
vermelho	*vérmélïou*	rouge
verde	*vérdji*	vert
roxo	*Rochou*	violet

Les noms de couleurs qui se terminent par **-o** au masculin font leur féminin en **-a**. Les autres ont la même forme au masculin et au féminin.

o carro (m.) **branco**
ou kaRou brãnkou
la voiture blanche

a areia (f.) **branca**
a aréia brãnka
le sable blanc

o taxi laranja
ou takssi larãnja
le taxi orange

a flor laranja
a flor larãnja
la fleur orange

o abacaxi verde
ou abakachi vérdji
l'ananas vert

a toalha verde
a toalia vérdji
la nappe verte

o barco marrom
ou bark^ou maRõn
le bateau marron

a casa marrom
a kaza maRõn
la maison marron

Le comparatif

Pas de difficulté pour les francophones :

• Le comparatif d'égalité

Il se forme avec **tão** *tã^on*, *si/aussi* + adjectif + **quanto** *k^ouant^ou*, *quant/que* :

Essa praia é tão bela quanto a outra.
éssa prai^a è tã^on bèla k^ouant^ou a o^outra
cette plage est si belle quant la autre
Cette plage est aussi belle que l'autre.

• Le comparatif de supériorité

Il se forme avec **mais** *maïss*, *plus* + adjectif + **que** *ki*, *que* :

Este hotel é mais bonito que aquele.
ésstchi otè^o è maïss bonit^ou ki akél^i
Cet hôtel est plus beau que celui-là.

• Le comparatif d'infériorité

Il se forme avec **menos** *mén^ouss*, *moins* + adjectif/nom + **que** *ki*, *que* :

Nesta praia tem menos gente que ontem.
néssta prai^a tẽn mén^ouss gẽntch^i ki õntẽn
dans-cette plage il-y-a moins gens que hier
Sur cette plage il y a moins de gens qu'hier.

Notez aussi les comparatifs irréguliers **melhor** *mélior*, *meilleur* ; **pior** *pior*, *pire* ; **maior** *maïor*, *plus grand* ; **menor** *ménor*, *plus petit* – **mais grande** ou **mais pequeno** ne se dit pas.

NESTA PRAIA TEM MENOS GENTE QUE ONTEM.

(Sur cette plage il y a moins de gens qu'hier.)

Um quarto é menor que o outro.
õum kouartou è ménor ki ou ooutrou
une chambre (m.) est plus-petit que le autre
Une chambre est plus petite que l'autre.

Uma casa é maior que a outra.
õuma kaza è maïor ki a ooutra
une maison est plus-grande que la autre
Une maison est plus grande que l'autre.

Le superlatif

• Le superlatif relatif se forme à partir du comparatif, en faisant précéder celui-ci de l'article :

mais bonito → **o mais bonito**
maïss bonitou → *ou maïss bonitou*
plus beau → le plus beau

menos barata → **a menos barata**
ménouss barata → *a ménouss barata*
moins bon marché → la moins bon marché

Estes rios são os mais bonitos do país.
ésstchiss Riouss ssãon ouss maïss bonitouss dou païss
ces rivières (m.) sont les plus beaux du pays
Ces rivières sont les plus belles du pays.

Estas lojas são as menos baratas.
ésstass lojass ssãon ass ménouss baratass
ces boutiques sont les moins bon-marché
Ces boutiques sont les moins bon marché.

Les comparatifs irréguliers **o/a maior**, *le plus grand/la plus grande* ; **o/a menor**, *le plus petit/la plus petite* ; **o/a pior**, *le/la pire* et **o/a melhor**, *le meilleur/la meilleure*, précédés de l'article, sont autant de superlatifs.

• Le superlatif absolu se forme au moyen de l'adverbe **muito** *mouïtou*, *très*, ou en ajoutant le suffixe **-íssimo**/**-íssima** au radical de l'adjectif :

caro *karou* cher	**muito caro** *mouïtou karou* très cher	**caríssimo** *karissimou* extrêmement cher
barato *baratou* bon marché	**muito baratou** *mouïtou baratou* très bon marché	**baratíssimo** *baratchissimou* extrêmement bon marché

Attention : les Brésiliens utilisent souvent le suffixe **-inho**, **-inha** pour faire les superlatifs d'infériorité. Ainsi par exemple, pour quelque chose qui n'est pas cher du tout, ils diront **muito barato** ou **baratinho** *baratignou* !

LES PRONOMS PERSONNELS

"Tu" et "vous"

Voici un aspect de la langue qui démarque le brésilien du portugais, et qui vous facilitera les choses.

Au Brésil, dans le langage de tous les jours, on se sert d'un seul et même pronom pour "tu" et "vous" : **você** (au pluriel **vocês**). En français, **você** se traduira donc par *tu* ou par *vous* selon le contexte. Le mot **você** est en fait la contraction de **vós mecê**, elle-même dérivée de la formule de politesse **vossa mercê** ("votre grâce") des Portugais du temps passé…

Pour dire *nous*, les Brésiliens emploient presque toujours **a gente** (littéralement "les gens", donc "nous", familièrement "on") à la place de **nós**, *nous*. En revanche, à l'écrit, dans les courriers notamment, on emploie toujours **nós**, tout comme en français on emploie toujours "nous" à l'écrit mais souvent "on" à l'oral.

Você et **a gente** correspondent à la 3e personne du singulier, **vocês** à la 3e personne du pluriel. On peut donc dire que dans le langage courant, seules trois personnes de la conjugaison sont habituellement utilisées : **eu** (*je*, 1re personne du singulier), **você**, **ele**, **ela**, **a gente** (*tu/vous, il, elle, on/nous*, 3e personne du singulier) et **vocês**, **eles**, **elas** (*vous* pluriel, *ils, elles*, 3e personne du pluriel).

Le **tu** n'est presque jamais utilisé au Brésil, sauf à l'extrême sud, sous l'influence de l'espagnol. Tout le monde se tutoie très vite et le pronom de politesse – **o Senhor** (*Monsieur*) / **a Senhora** (*Madame*) avant tout utilisé pour s'adresser aux personnes âgées, mais aussi aux policiers et aux personnages officiels de tous genres. Vous entendrez également **o Seu** ou **a Dona** + le prénom de la personne concernée, formule un peu plus familière, comportant une nuance d'affection. Ce sont les versions populaires de **o Senhor** et **a Senhora**, souvent considérés comme excessivement polis pour les Brésiliens.

Les pronoms personnels sujets

Voici la liste complète, "officielle", des pronoms personnels sujets :

eu	*éº*	je
tu	*tou*	tu

ele, ela	*é^l^, èla*	il, elle
nós	*nòss*	nous
vós	*vòss*	vous
eles, elas	*él'ss, èlass*	ils, elles

Et voici la liste des pronoms réellement employés au quotidien, dans le langage parlé :

eu	*é°*	je	+ verbe à la 1re pers. singulier
você	*vossé*	tu, vous	+ verbe à la 3e pers. singulier
ele, ela	*él', èla*	il, elle	+ verbe à la 3e pers. singulier
a gente	*a gẽntch'*	on, nous	+ verbe à la 3e pers. singulier
vocês	*vosséss*	vous	+ verbe à la 3e pers. pluriel
eles, elas	*él'ss, èlass*	ils, elles	+ verbe à la 3e pers. pluriel

Você quer uma passagem para a Bahia?
vossé kèr õuma passagẽn para a baïa
tu veux/vous voulez un billet pour la Bahia
Veux-tu / Voulez-vous un billet pour Bahia ?

A gente vai pegar o ônibus noturno.
a gẽntch' va' pégar ou onibouss notourn°u
la gent va prendre le bus nocturne
On va prendre le bus du soir.

O Seu Antônio é o dono do bar.
ou ssé° ãntonio è ou don°u d°u bar
le monsieur Antônio est le propriétaire du bar
Monsieur Antônio est le propriétaire du bar.

Les pronoms personnels compléments

Il y en a deux types :

• Ceux qui font fonction d'objet direct ou indirect et qui sont toujours soudés au verbe (ils ne sont pas souvent employés dans la langue parlée) :

Singulier		
me	*mi*	me
te	*tchi*	te
se, lhe, o, a	*ssé, lii, o, a*	se, lui, le, la

Pluriel		
nos	*nouss*	nous
vos	*vouss*	vous
se, lhes, os, as	*ssé, liiss, oss, ass*	se, leur, les, les

Diga-me como eu faço para ir ao aéroporto.
digami komou éo fassou para ir aou aèroportou
dis-moi comment je fais pour aller à-le aéroport
Dis-moi comment je dois faire pour aller à l'aéroport.

Ele vai levar-nos para o hotel.
éli vai levarnouss para ou otèo
il va emmener-nous pour le hôtel
Il va nous emmener à l'hôtel.

• Dans le langage courant, les Brésiliens préfèrent employer d'autres formes, souvent accompagnées d'une préposition. Vous les rencontrerez au fil de la conversation. Voici quelques exemples :

Diz para mim onde é o supermercado.
diz para mĩn õndji è ou soupérmérkadou
dis pour moi où est le supermarché
Dis-moi où se trouve le supermarché.

Au lieu de :

Diga-me onde é o supermercado.
digami õndji è ou soupérmérkadou
dis-moi où est le supermarché
Dis-moi où se trouve le supermarché.

Eu vou à praia com você.
é° vo^ou à prai^a kõn vossé
Je vais à la plage avec toi / avec vous.

Au lieu de :

Eu vou à praia contigo.
é° vo^ou à prai^a kõntchig^ou
Je vais à la plage avec toi.

Pronoms et adjectifs possessifs

En brésilien, il n'existe pas de différence entre les formes atones et toniques (mon/le mien). Dans les deux cas, les pronoms possessifs utilisés sont les mêmes. Seule leur position dans la phrase change.

Singulier Masculin			Féminin		
meu	*mé°*	mon	**minha**	*migna*	ma
teu	*té°*	ton	**tua**	*toua*	ta
seu	*ssé°*	son	**sua**	*ssoua*	sa
nosso	*noss^ou*	notre	**nossa**	*nossa*	notre
vosso	*voss^ou*	votre	**vossa**	*vossa*	votre
seu	*ssé°*	leur	**sua**	*ssoua*	leur

Pluriel Masculin			Féminin		
meus	*mé°ss*	mes	**minhas**	*mignass*	mes
teus	*té°ss*	tes	**tuas**	*touass*	tes
seus	*ssé°ss*	ses	**suas**	*ssouass*	ses
nossos	*noss^ouss*	nos	**nossas**	*nossass*	nos
vossos	*voss^ouss*	vos	**vossas**	*vossass*	vos
seus	*ssé°ss*	leurs	**suas**	*ssouass*	leurs

Pour les formes atones (mon, ton, son…), les pronoms possessifs apparaissent toujours devant le substantif auquel ils font référence :

(o) meu passaporte
(ou) mé^{o} passaportch^{i}
mon passeport

(a) minha casa
(a) migna kaza
ma maison

L'emploi de l'article est optionnel.

Pour les formes toniques (le mien, le tien, le sien…), les pronoms se placent toujours derrière le verbe :

Estas bagagens são (as) minhas.
ésstass bagagẽnss ssã^{on} (ass) mignass
ces bagages (f.) sont (les) miennes
Ces bagages sont les miens.

Aquele carro é (o) seu.
akél^{i} kaRo è (ou) ssé^{o}
celui-là voiture (m.) est (le) sien
Cette voiture là-bas est la sienne.

Pronoms et adjectifs démonstratifs

Les principaux démonstratifs sont :

Masculin		
este, estes	*ésstch^{i}, ésstch^{i}ss*	celui-ci, ceux-ci
esse, esses	*éss^{i}, éss^{i}ss*	ce, ces
aquele, aqueles	*akél^{i}, akél^{i}ss*	celui-là, ceux-là

Féminin		
esta, estas	*éssta, ésstass*	celle-ci, celles-ci
essa, essas	*éssa, éssass*	cette, ces
aquela, aquelas	*akél^{i}, akél^{i}ss*	celle-là, celles-là

Aquele é o hotel onde vamos ficar.
akél^{i} è ou oté^{o} ondji vam^{ou}ss fikar
celui-là est le hôtel où nous-allons rester
Voici l'hôtel où nous allons rester.

Quand les démonstratifs ont la fonction adjective, ils se placent toujours devant le nom :

Esse ônibus está lotado.
éssⁱ onibouss éssta lotad^{ou}
Ce bus est plein.

Pronoms et adjectifs indéfinis

Voici la liste des pronoms indéfinis les plus utilisés :

algum, alguma	*aougõun, aougõuma*	quelque
nenhum, nenhuma	*négnõum, négnõuma*	aucun, aucune
outro, outra	*o^{ou}tr^{ou}, o^{ou}tra*	autre
todo, toda	*tod^{ou}, toda*	tout, toute
ninguém	*nĩnguẽn*	personne
alguém	*aouguẽn*	quelqu'un

En tant qu'adjectifs, ils apparaissent toujours devant le substantif auquel ils font référence :

Nós queremos alguma coisa para beber.
noss kérémouss aougõuma koⁱza para bébér
nous voulons quelque chose pour boire
Nous voudrions quelque chose à boire.

Tem outra cerveja mais gelada?
tẽn o^{ou}tra sservéja maïss gélada
vous-avez autre bière plus gelée
Avez-vous une autre bière plus fraîche ?

LES PRÉPOSITIONS

Les prépositions les plus courantes en brésilien sont :

a	*a*	à
após	*apóss*	après

até	*até*	jusqu'à
antes	*ãntch'ss*	avant
depois	*dépoïss*	après
com	*kõn*	avec
contra	*kõntra*	contre
de	*dji*	de
em	*ẽn*	à, dans
em cima	*ẽnssima*	au-dessus
embaixo	*ẽnbaïch[ou]*	au-dessous
entre	*ẽntr'*	entre, parmi
para	*para*	pour, à
por	*por*	pour, par
sem	*ssẽn*	sans
sob	*ssob*	sous, au-dessous
sobre	*ssobr'*	sur, au-dessus

Eu volto para França daqui dois dias.
é[o] voout[ou] para frãnssa daki do'ss dji[a]ss
je retourne pour France d'ici deux jours
Je rentre en France d'ici deux jours.

Eu ficarei no Brasil por três meses.
é[o] fikaré[i] n[ou] brazi[o] por tréïss méz'ss
je resterai dans-le Brésil pour trois mois
Je resterai au Brésil pendant trois mois.

Vou a São Paulo.
vo[ou] a ssã[on] paoul[ou]
vais à São Paulo
Je vais à São Paulo.

Les contractions

Quelques prépositions provenant de la contraction d'une préposition + article ou pronom ou adverbe sont couramment utilisées en brésilien.

a + a ou **as**	→	**à/às**	à/aux
a + o ou **os**	→	**ao/aos**	au/aux
de + a(s)/o(s)	→	**da(s)/do(s)**	de la, des/du, des
de + aquele/ aquela	→	**daquele/ daquela**	de ce...-là/ de cette...-là
de + esse(a)	→	**desse/dessa**	de celui-là/de celle-là
de + isso	→	**disso**	de ceci
de + ele/ela	→	**dele/dela**	son, sa
de + aqui	→	**daqui**	d'ici
em + o(s)/a(s)	→	**no(s)/na(s)**	à, aux, dans le/dans la, dans les
em + um/uma	→	**num/numa**	dans un/dans une
em + esse/essa	→	**nesse/nessa**	dans celui-ci/ dans celle-ci
por + o/a	→	**pelo/pela**	par le/par la

Eu vou pelo caminho mais curto.
é^{o} vo^{ou} pél^{ou} kæmign^{ou} maïss kourt^{ou}
je vais par-le chemin plus court
Je prends le chemin le plus court.

Eu vou sair à noite.
é^{o} vo^{ou} ssaïr a noïtch^{i}
je vais sortir à-la nuit
Je vais sortir ce soir.

Como eu chego ao centro?
kom^{ou} é^{o} chég^{ou} aou ssẽntr^{ou}
comment je arrive au centre
Comment est-ce que j'arrive au centre-ville ?

Onde fica o hotel dele?
õndji fika ou oté^{o} dél^{i}
où se-trouve le hôtel de-lui
Où se trouve son hôtel ?

VERBES ET TEMPS

Les verbes brésiliens sont classés en trois groupes : verbes en **-ar** comme **falar**, *parler*, en **-er** comme **beber**, *boire*, et en **-ir** comme **partir**, *partir*. Nous vous présenterons ici les trois temps qui vous seront les plus utiles pour la conversation de base, les auxiliaires et les principaux verbes irréguliers.

Le présent

Les conjugaisons qui suivent ne concernent que les verbes réguliers. Le radical ne varie pas, seule la terminaison change. Nous ne vous indiquons que les formes vraiment en usage et laissons de côté le **tu** et le **vós**, mais conservons le **nós** qui pourra occasionnellement vous servir (voir aussi le paragraphe ***"Tu" et "vous"***, à la rubrique ***Les pronoms personnels***). Souvenez-vous que l'emploi du pronom sujet n'est pas obligatoire en brésilien.

• falar (parler)

eu	**falo**	*faľou*	je parle
você/ele/ ela/a gente	**fala**	*fala*	tu parles/vous parlez ; il/elle/on parle
nós	**falamos**	*falamouss*	nous parlons
vocês/eles/ elas	**falam**	*falãn*	vous (pluriel) parlez ; ils/ elles parlent

• beber (boire)

eu	**bebo**	*bébou*	je bois
você/ele/ ela/a gente	**bebe**	*bébi*	tu bois/vous buvez ; il/ elle/on boit
nós	**bebemos**	*bébémouss*	nous buvons
vocês/eles/ elas	**bebem**	*bébẽn*	vous (pluriel) buvez ; ils/ elles boivent

- **pedir (demander)**

eu	**peço**	*pèss*^{ou}	je demande
você/ele/ ela/a gente	**pede**	*pèdji*	tu demandes/vous demandez ; il/elle/on demande
nós	**pedimos**	*pédjim*^{ou}*ss*	nous demandons
vocês/eles/ elas	**pedem**	*pèdẽn*	vous (pluriel) demandez ils/elles demandent

Le passé

Les Brésiliens ont trois formes différentes pour exprimer le passé. La forme la plus utilisée est celle qui, grammaticalement, correspond au passé simple français, mais qui se traduit le plus souvent par le passé composé :

- **falar (parler)**

eu	**falei**	*falé*^{i}	j'ai parlé
você/ele/ ela/a gente	**falou**	*falo*^{ou}	tu as parlé/vous avez parlé ; il/elle/on a parlé
nós	**falamos**	*falam*^{ou}*ss*	nous avons parlé
vocês/eles/ elas	**falaram**	*falarãn*	vous (pluriel) avez parlé ; ils/elles ont parlé

- **beber (boire)**

eu	**bebi**	*bébi*	j'ai bu
você/ele/ ela/a gente	**bebeu**	*bébé*^{o}	tu as bu/vous avez bu ; il/elle/on a bu
nós	**bebemos**	*bébém*^{ou}*ss*	nous avons bu
vocês/eles/ elas	**beberam**	*bébérãn*	vous (pluriel) avez bu ; ils/elles ont bu

- **pedir (demander)**

eu	**pedi**	*pédji*	j'ai demandé
você ; ele/ ela/a gente	**pediu**	*pédjiou*	tu as/vous avez demandé il/elle/on a demandé

nós	**pedimos** *pédjim^{ou}ss*	nous avons demandé
vocês/eles/ elas	**pediram** *pédjirãn*	vous (pl.) avez demandé ; ils/elles ont demandé

Eu falei muito.
é^{o} falé^{i} mouït^{ou}
je parlai beaucoup
J'ai trop parlé.

Você já bebeu tudo?
vossé ja bébé^{o} toud^{ou}
tu déjà bu tout
Tu as déjà tout bu ?

Eu já pedi a conta.
é^{o} ja pédji a kõnta
je déjà demandai la addition
J'ai déjà demandé l'addition.

Eu achei a cidade bonita.
é^{o} aché^{i} a ssidadji bonita
je trouvai la ville belle
J'ai trouvé la ville belle.

VOCÊ JÁ BEBEU TUDO?
(Tu as déjà tout bu ?)

Le futur

Pour exprimer un futur simple en brésilien, on peut tout simplement utiliser le présent, comme en français, avec un adverbe de temps :

Amanhã eu viajo para a Bahia.
amagnã éo viajou para a baïa
demain je voyage pour la Bahia
Demain, je pars à Bahia.

On peut également exprimer un futur proche à l'aide du verbe **ir**, *aller* + **infinitif** :

• **ir (aller)**

eu	**vou**	*voou*	je vais
ele/ela/ a gente/você	**vai**	*vai*	il/elle/on va ; tu vas/ vous allez
nós	**vamos**	*vamouss*	nous allons
eles/elas/ vocês	**vão**	*vãon*	ils/elles vont ; vous (pluriel) allez

Eu vou falar.
éo voou falar
Je vais parler.

Você vai beber.
vossé vai bébér
tu/vous va boire
Tu vas boire/Vous allez boire.

Você já vai embora?
vossé ja vai ĕnbora
tu/vous déjà va partir
Tu t'en vas déjà ?

Eu vou pedir a conta.
éo voou pédjir a kõnta
je vais demander la addition
Je vais demander l'addition.

A gente vai chegar em São Paulo amanhã.
a gēntchⁱ vaⁱ chégar ēn ssãᵒⁿ paoulᵒᵘ amagnã
On va arriver à São Paulo demain.

Il existe bien entendu un "vrai futur", mais il n'est pas indispensable pour se débrouiller dans un premier temps.

Eu irei viajar amanhã.
éᵒ iréⁱ viajar amagnã
Je voyagerai demain.

Nós comeremos mais tarde.
nòⁱss koméréмᵒᵘss maïss tardji
On mangera plus tard.

Les verbes irréguliers

En brésilien comme en français, les verbes irréguliers sont nombreux (et ce sont souvent des verbes très courants !). Il est bien évidemment impossible de vous donner toutes les formes ici. Quoi qu'il en soit, personne ne vous reprochera de faire des erreurs, alors lancez-vous, la perfection viendra de la pratique ! Pour vous donner une petite idée de la chose, voici quelques exemples de conjugaisons irrégulières particulièrement courantes.

- **dar (donner)**

	Présent		Passé	
eu	**dou**	*doᵒᵘ*	**dei**	*déⁱ*
você/ele/ela/ a gente	**dá**	*da*	**deu**	*déᵒ*
nós	**damos**	*dæmᵒᵘss*	**demos**	*démᵒᵘss*
vocês/eles/elas	**dão**	*dãᵒⁿ*	**deram**	*dèrãn*

- **dizer (dire)**

	Présent		Passé	
eu	**digo**	*djigᵒᵘ*	**disse**	*djissⁱ*
você/ele/ela/ a gente	**diz**	*djiss*	**disse**	*djissⁱ*

nós	**dizemos**	*dizém^{ou}ss*	**dissemos**	*dissèm^{ou}ss*
vocês/eles/elas	**dizem**	*djizẽn*	**disseram**	*djisséřãn*

• fazer (faire)

	Présent		Passé	
eu	**faço**	*fass^{ou}*	**fiz**	*fiss*
você/ele/ela/ a gente	**faz**	*fa^{i}ss*	**fez**	*fé^{i}ss*
nós	**fazemos**	*fazém^{ou}ss*	**fizemos**	*fizèm^{ou}ss*
vocês ; eles/elas	**fazem**	*fazẽn*	**fizeram**	*fizèrãn*

• ir (aller)

	Présent		Passé	
eu	**vou**	*vo^{ou}*	**fui**	*fou^{i}*
você/ele/ela/ a gente	**vai**	*va^{i}*	**foi**	*fo^{i}*
nós	**vamos**	*væm^{ou}ss*	**fomos**	*fom^{ou}ss*
vocês/eles/elas	**vão**	*vã^{on}*	**foram**	*forãn*

• poder (pouvoir)

	Présent		Passé	
eu	**posso**	*poss^{ou}*	**pude**	*poudji*
você/ele/ela/ a gente	**pode**	*pòdji*	**pode**	*podji*
nós	**podemos**	*podém^{ou}ss*	**pudemos**	*poudèm^{ou}ss*
vocês/eles/elas	**podem**	*pòdẽn*	**puderam**	*poudérãn*

• querer (vouloir)

	Présent		Passé	
eu	**quero**	*kér^{ou}*	**quis**	*kiss*
você/ele/ela/ a gente	**quer**	*kér*	**quis**	*kiss*
nós	**queremos**	*kérém^{ou}ss*	**quisemos**	*kizèm^{ou}ss*
vocês/eles/elas	**querem**	*kérẽn*	**quiseram**	*kizérãn*

• trazer (apporter)

	Présent		Passé	
eu	**trago**	*trag*^{ou}	**trouxe**	*tro*^{ou}*ss*^{i}
você/ele/ela/ a gente	**traz**	*tra*^{i}*ss*	**trouxe**	*tro*^{ou}*ss*^{i}
nós	**trazemos**	*trazém*^{ou}*ss*	**trouxemos**	*tro*^{ou}*ssém*^{ou}*ss*
vocês/eles/elas	**trazem**	*trazẽn*	**trouxeram**	*tro*^{ou}*ssérãn*

• vir (venir)

	Présent		Passé	
eu	**venho**	*végn*^{ou}	**vim**	*vĩn*
você/ele/ela/ a gente	**vem**	*vẽn*	**veio**	*véï*^{ou}
nós	**vamos**	*væm*^{ou}*ss*	**viemos**	*viém*^{ou}*ss*
vocês/eles/elas	**vem**	*vẽn*	**vieram**	*vièrãn*

Les verbes auxiliaires

Les trois principaux auxiliaires sont **ter** *tér, avoir*, **ser** *sér, être* et **estar** *ésstar, être*. Ces auxiliaires sont utilisés dans la formation des temps composés que nous n'aborderons pas ici.

Même si les verbes **ser** et **estar** correspondent tous deux au verbe français *être*, ils ont en brésilien deux fonctions bien différentes. Faites attention à ne pas les confondre :

– **Ser** indique l'identité, l'essence, un état permanent ;

– **Estar** indique la localisation, un état passager.

Présent **ser**		**estar**		**ter**	
sou	*sso*^{ou}	**estou**	*ésstо*^{ou}	**tenho**	*tégn*^{ou}
é	*è*	**está**	*éssta*	**tem**	*tẽn*
somos	*ssom*^{ou}*ss*	**estamos**	*ésstæm*^{ou}*ss*	**temos**	*tém*^{ou}*ss*
são	*ssã*^{on}	**estão**	*ésstã*^{on}	**têm**	*tẽn*

Passé					
ser		**estar**		**ter**	
fui	*foui*	**estive**	*ésstchiv^{i}*	**tive**	*tchiv^{i}*
foi	*fo^{i}*	**esteve**	*ésstév^{i}*	**teve**	*tév^{i}*
fomos	*fom^{ou}ss*	**estivemos**	*ésstivém^{ou}ss*	**tivemos**	*tivém^{ou}ss*
foram	*forãn*	**estiveram**	*ésstchivèrãn*	**tiveram**	*tchivèrãn*

Eu sou francês.
é^{o} sso^{ou} francé^{i}ss
Je suis français. (identité, donc **ser**)

Eles são legais.
él^{i}ss ssã^{on} légaïss
Ils sont sympas. (état en principe permanent, donc **ser**)

Aquela praia é Ipanema?
akéla prai^{a} è ipanéma
celle-là plage est Ipanema
Est-ce que cette plage est celle d'Ipanema ? (situation permanente : **ser**)

Eu estou na praia.
é^{o} ésssto^{ou} na prai^{a}
Je suis à la plage. (situation passagère, donc **estar**)

Ele está doente.
él^{i} ésstà doẽntch^{i}
Il est malade. (situation passagère : **estar**)

Esta comida está muito boa.
éssta komida ésstà mouïť^{ou} boa
Ce repas est très bon.

A gente tem 30 anos.
a gẽntch^{i} tẽn trĩnta æn^{ou}ss
Nous avons trente ans.

Les expressions temporelles

Voici la liste des principales expressions temporelles, à employer bien sûr avec le temps de la conjugaison adéquat :

Passé		
anteontem	*ãntéõntẽn*	avant-hier
ontem	*õntẽn*	hier
antes	*ãntch^{i}ss*	avant

Présent		
agora	*agòra*	maintenant
hoje	*oj^{i}*	aujourd'hui
já	*ja*	tout de suite

Futur		
amanhã	*amagnã*	demain
depois de amanhã	*dépo^{i}ss dji amagnã*	après-demain
depois	*dépo^{i}ss*	après
em seguida	*ẽn sséguida*	tout de suite
logo	*log^{ou}*	bientôt
mais tarde	*maïss tardji*	plus tard

Divers		
ano	*æn^{ou}*	an, année
cedo	*sséd^{ou}*	tôt
de madrugada	*dji madrougada*	à l'aube
de manhã	*dji magnã*	le matin, la matinée
de tarde	*dji tardji*	l'après-midi
de noite	*dji no^{i}tch^{i}*	le soir, la nuit
dia	*dji^{a}*	jour
noite	*no^{i}tch^{i}*	soir, nuit
sempre	*ssẽmpr^{i}*	toujours
tarde	*tardji*	tard

LA NÉGATION

La négation se fait en ajoutant **não**, *non/ne*, devant le verbe :

Eu não vou viajar.
é° nã°ⁿ vo°ᵘ viajar
je ne vais voyager
Je ne vais pas voyager.

A gente não vai embora.
a gẽntchⁱ nã°ⁿ vaï ẽnbora
la gent ne va partir
Nous n'allons/On ne va pas partir.

Você não bebe nada?
vossé nã°ⁿ bèbé nada
tu/vous ne boit rien
Tu ne bois/Vous ne buvez rien ?

LA FORME INTERROGATIVE

La forme la plus simple pour poser des questions est de transformer une phrase affirmative en phrase interrogative en modifiant tout simplement l'intonation, comme on peut le faire aussi en français :

Você está no Pantanal?
vossé éssta n°ᵘ pãntana°
Tu es/Vous êtes dans le Pantanal ?

Ele é brasileiro?
élⁱ è brazileïr°ᵘ
Il est brésilien ?

A gente vai pegar o barco hoje?
a gẽntchⁱ vaïpégar ou bark°ᵘ ojⁱ
On va prendre le bateau aujourd'hui ?

EU ESTOU INCOMODANDO?
(Je vous dérange ?)

Eu estou incomodando?
é^{o} éssto^{ou} ĩnkomodãnd^{ou}
je suis incommodant
Je vous dérange ?

On peut aussi utiliser les pronoms interrogatifs :

como?	*kom^{ou}*	comment ?
o que?	*ou ki*	quoi ?
onde?	*õndji*	où ?
por que?	*por ki*	pourquoi ?
qual?	*k^{ou}a^{o}*	quel ?
quando?	*k^{ou}ãnd^{ou}*	quand ?
quanto?	*k^{ou}ãnt^{ou}*	combien ?
quem?	*kẽn*	qui ?

Por que o avião está atrasado?
por ki ou aviã^{on} ésstà atrazad^{ou}
pour quoi le avion est retardé
Pourquoi l'avion a-t-il du retard ?

Onde é a farmácia?
õndji è a farmassi[a]
où est la pharmacie
Où se trouve la pharmacie ?

Quando chega o ônibus?
k[ou]*ãnd*[ou] *chéga ou onibouss*
quand arrive le autobus
Quand le bus arrive-t-il ?

Quanto custa a passagem?
k[ou]*ãnt*[ou] *koussta a passagẽn*
Combien coûte le billet ?

En brésilien, l'utilisation du pronom personnel sujet n'est pas obligatoire. Observez d'autre part que pour répondre par "oui", on reprend souvent le verbe de la question. En revanche, pour répondre par la négative, on dit simplement "non" :

Você está com fome?
vossé éssta kõn fom[i]
tu es avec faim
Tu as faim ?

Estou.
éssto[ou]
je suis
Oui.

Não.
nã[on]
non
Non.

Ainsi s'achève notre petit tour d'horizon de la grammaire brésilienne.

MINI-GUIDE DE SAVOIR-VIVRE

Les règles de savoir-vivre les plus importantes sont universelles : il s'agit d'être poli et respectueux envers les gens que l'on rencontre, aussi bien chez soi que dans un pays étranger. Voici quelques remarques et recommandations qui pourront vous être utiles au Brésil :

• Dans les villes, les femmes se font souvent draguer. Si on répond du regard, cela peut être interprété comme un signe d'encouragement. Regarder droit devant soi suffit généralement pour décourager les importuns.

• Dans tout le pays et surtout quand il fait chaud, les gens se promènent en short et tongues, même pour aller dans un petit bar. Les Brésiliens ne sont pas très à cheval sur la tenue vestimentaire et préfèrent se sentir bien dans des vêtements confortables plutôt que d'être à la mode.

• Évitez l'auto-stop. Il ne s'agit pas d'une pratique très courante au Brésil et le risque de se faire voler, voire agresser, existe. Si malgré tout l'expérience vous tente, il vaut mieux observer et se renseigner auprès de la population locale avant de lever le pouce au bord de la route.

• Les Brésiliens sont très ouverts. Partout où l'occasion s'y prête, dans les bars ou les petits restaurants par exemple, on n'hésite pas à bavarder avec les gens de la table d'à côté pour le simple plaisir de faire connaissance. Faites-le vous aussi ! N'hésitez pas à engager la conversation avec les personnes qui vous semblent sympathiques. Vous pratiquerez ainsi la langue et découvrirez le Brésil autrement.

• Se promener hors des quartiers touristiques n'est pas une pratique forcément dangereuse. Il existe des quartiers intéressants dans toutes les grandes villes, et de nombreux jolis petits villages en bord de mer ou à la campagne sont encore inconnus des touristes. Faites l'effort de vous renseigner sur les manifestations locales. Elles vous permettront de mieux connaître le pays. Et sachez que les Brésiliens apprécient beaucoup les étrangers qui s'intéressent à leur culture !
• Le Brésil n'a pas toujours eu bonne réputation au niveau des vols et de la violence. Cependant, le danger n'est pas omniprésent. La plupart des vols ont lieu pendant la nuit, dans les quartiers éloignés du centre-ville des grandes métropoles comme São Paulo et Rio, ou dans les transports en commun. Pour éviter les ennuis, soyez tout simplement prudent. Évitez les rues peu fréquentées dans les grandes villes et, lorsque vous sortez, n'emportez que le strict nécessaire et laissez les grosses sommes d'argent et autres objets de valeur chez vos amis ou dans le coffre de votre hôtel. Si malgré tout il vous arrivait de vous trouver face à des voleurs, n'opposez aucune résistance, taisez-vous et renoncez à vos biens matériels.

La gestuelle brésilienne

Les Brésiliens font les mêmes mouvements de la tête que nous pour dire oui ou non, et ils pointent l'index contre la tempe pour dire que quelqu'un "a un grain". D'autres gestes, en revanche, sont différents et peuvent provoquer des malentendus. Mieux vaut savoir que :
• Pour dire non, on peut aussi faire claquer sa langue.
• Pour dire oui, dans certains coins du pays, on peut dire quelque chose qui sonne comme *ãnrãn*.
• *"pss, pss"* n'est pas seulement utilisé pour draguer. C'est aussi une manière courante d'appeler le serveur dans un café ou tout simplement quelqu'un qu'on connaît.
• Pour remplacer les sonnettes d'entrée – souvent inexistantes dans les régions plus pauvres du pays – on frappe dans ses mains pour prévenir de son arrivée.

La pauvreté

Le mode de vie brésilien est dans l'ensemble très moderne, très américain… du Sud. Comme dans tout pays en voie de développement, les inégalités économiques restent cependant énormes. Le capital économique est concentré surtout dans les régions Sud et Sud-Est, tandis que le Nord et le Nord-Est sont économiquement et socialement très faibles. La pauvreté se dévoile un peu partout. Ainsi, les enfants qui mendient font partie du quotidien de tout le pays. L'argent qu'on leur donne n'étant pas toujours utilisé pour acheter de la nourriture, mieux vaut, si vous souhaitez les aider, leur donner quelque chose à manger. Si, lorsque vous garez votre voiture, quelqu'un vous demande de l'argent pour la surveiller, sachez que cette pratique est interdite mais qu'il est parfois préférable de donner quelques pièces et éviter de possibles désagréments.

malandro	*malãndr[ou]*	petit voyou
moleque	*molèki*	gosse, môme
pivete	*pivètch[i]*	enfant des rues
trombadinha	*trõnbadigna*	enfant des rues qui vole

La religion

On dit souvent que le Brésil est le plus grand pays catholique au monde. Pourtant, la liberté religieuse fut établie en 1890 et le pays est devenu laïque depuis cette date. Le fait est que, depuis l'époque de la colonisation, le pays est assez perméable à de nombreuses influences religieuses. Ainsi par exemple, les sectes et les "églises" sont innombrables.

L'influence des religions africaines, arrivées sur le sol brésilien au temps de l'esclavage, reste par ailleurs très importante. Comme à cette époque-là les esclaves n'avaient pas le droit de pratiquer d'autre religion que la catholique, ils contournèrent l'interdiction en attribuant à chacune de leurs divinités le nom d'un saint catholique. De cette façon, leurs religions d'origine purent subsister moyennant quelques aménagements. Connues aujourd'hui sous les noms de *Candomblé, Umbanda, Macumba*, elles sont très répandues, en particulier à Bahia, en raison de la grande affluence d'Africains pendant les premiers siècles de la colonisation. Plus tard, avec l'arrivée des Anglais, des Hollandais et des Français, le protestantisme et le calvinisme se répandirent également. Vers la première moitié du XXe s., les immigrants italiens, allemands et japonais débarquent au Brésil, créant peu à peu un mélange culturel et un syncrétisme religieux typiquement brésiliens.

Aujourd'hui se développe de plus en plus la religion évangéliste pentecôtiste, qui attire les gens les plus pauvres et les plus désespérés au moyen d'un discours extrêmement dur, fanatique et intégriste. Une chaîne de télévision très connue appartient d'ailleurs à ce courant religieux et exerce son influence à travers ce média.

Pour clore ce chapitre, on peut dire que le Brésil est un grand pays croyant, mais qu'il reste en même temps très ouvert aux choix et aux pratiques religieuses.

FAIRE CONNAISSANCE

Bien que les Brésiliens soient chaleureux et ouverts, il existe des codes qu'il est bon de connaître. Pour s'adresser à une personne inconnue, surtout si elle est plus âgée que vous, on commence toujours par employer **o Senhor**, *Monsieur*, ou **a Senhora**, *Madame*, qui correspond au *vous* formel. Pour les autres personnes, on utilise la formule plus familière du **você** (qui correspond à la fois au *vous* et au *tu*) et qui ne posera aucun problème de communication.

Les Brésiliens ne disent pas forcément bonjour quand ils entrent dans une boutique ou une boulangerie, par exemple. Ils saluent surtout les amis et les gens qu'ils connaissent… Ce n'est pas un manque de politesse, mais plutôt une habitude culturelle.

Saluer

Bom dia.	*bõn djiª*	Bonjour.
Boa tarde.	*boa tardji*	Bonjour./Bon après-midi.
Boa noite.	*boa noïtchi*	Bonsoir./Bonne nuit.
Oi!	*oï*	Salut !
Olá!	*olà*	Salut !

Faites bien la différence entre **bom dia** et **boa tarde** ! On utilise **bom dia** le matin et **boa tarde** à partir de midi jusqu'à la fin de la journée.

Prendre congé

Até logo.	*atè logou*	À plus tard.
Até mais.	*atè maïss*	À la prochaine.
Até a próxima.	*atè a pròssima*	À la prochaine./À plus.
Tchau!	*tchaou*	Salut !/Au revoir !

Olá Carlos, tudo bom?
olà karlouss toudou bõn
salut Carlos, tout bon
Bonjour Carlos, comment ça va ?

Tudo bem! E você?
toudou bẽn! ï vossé
tout bien ! et toi
Ça va bien ! Et toi ?

Desculpa, mas eu estou atrasado!
djisskououpa maïss éo ésstoou atrazadou
excuse, mais je suis retardé
Excuse-moi, mais je suis en retard !

Então até mais!
ẽntãon atè maïss
alors jusque plus
Alors, à la prochaine !

Tchau! Até mais!
tchaou! atè maïss
salut ! jusque plus
Salut ! À la prochaine !

Se présenter

• De façon formelle

Com licença, meu nome é Jean, muito prazer.
kõn lisssénssa méo nomi è jean mouïtou prazér
avec licence, mon nom est Jean, beaucoup plaisir
Excusez-moi, je m'appelle Jean, enchanté de vous connaître.

Réponse :

O prazer é meu.
ou prazér è méo
le plaisir est mien
Tout le plaisir est pour moi.

• De façon informelle

Oi, meu nome é Jean, tudo bem?
oï méo nomi è jean toudou bẽn
salut, mon nom est Jean, tout bien
Bonjour, je m'appelle Jean, ça va ?

Réponse :

Tudo bem. E você?
toudou bẽn ï vossé
tout bien. et toi
Très bien. Et toi ?

S'il vous plaît et merci

Por favor…
por favor
S'il vous/te plaît…

Obrigado/Obrigada. (m. / f.)
obrigadou/obrigada
Merci

Muito obrigado/obrigada!	**De nada.**
mouit^ou obrigad^ou/obrigada	*dji nada*
Merci beaucoup !	De rien.

Attention aux remerciements ! La forme correcte est **obrigado** quand ce sont les hommes qui le disent, et **obrigada** quand ce sont les femmes !

S'excuser

Desculpa!	*djisskou^ou pa*	Excuse/z-moi !
Perdão!	*pérdã^on*	Pardon !
Com licença!	*kõn lissẽnssa*	Excuse/z-moi !
(par exemple quand on veut passer)		

Exclamations courantes

Parabéns!	*parabẽnss*	Félicitations !
Meus parabéns!	*mé^o ss parabẽnss*	Toutes mes félicitations !
Saúde!	*ssaoudji*	Santé !/ À tes/vos souhaits !
Muito bem!	*mouit^ou bẽn*	Très bien !
Tudo legal!	*toud^ou léga^o*	Super !
Tudo jóia!	*toud^ou jòïa*	Tout va bien !
Tudo bem!	*toud^ou bẽn*	Très bien !
Que legal!	*ki léga^o*	C'est cool/chouette !
Que barato!	*ki barat^ou*	C'est génial !
Que bacana!	*ki bakæna*	C'est bien !
É show!	*è choou*	C'est très bien !

Et quelques exclamations "négatives" :

Credo!	*kréd^ou*	Berck !
Eca!	*èka*	Quelle horreur ! (expression de dégoût)
Horrível!	*oRivé^o*	Horrible !

Que feio!	*ki féi^{ou}*	Comme c'est laid !
Que chato!	*ki chat^{ou}*	Comme c'est barbant !
Que horror!	*ki oRor*	Quelle horreur ! (dans le sens de laid)

Une première rencontre

Faire connaissance est toujours facile, au Brésil, et souvent amusant. Les Brésiliens reçoivent les étrangers de façon chaleureuse et on devient amis en peu de temps. Attendre un bus, voyager dans les transports collectifs, faire la queue, etc. sont d'excellentes façons de faire connaissance. Les Brésiliens sont ouverts sur le monde et heureux de rencontrer des étrangers. Issus eux-mêmes d'un mélange de cultures, ils aiment qu'on leur explique l'image qu'on a du Brésil hors de leurs frontières. Même si vos compétences linguistiques laissent encore à désirer, il y a toujours moyen de se comprendre. Ainsi, n'hésitez pas à parler à votre "voisin" pour faire passer plus rapidement et agréablement le temps d'un voyage !

Oi, tudo bem?
o^{i} toud^{ou} bẽn
salut, tout bien
Salut, ça va ?

Tudo bem.
toud^{ou} bẽn
tout bien
Ça va bien.

Qual é seu nome?
k^{ou}a^{o} è ssé^{o} nom^{i}
quel est son/ton nom
Comment tu t'appelles ?

Meu nome é Marco e o seu?
mé^{o} nom^{i} è mark^{ou} ^{i} ou ssé^{o}
mon nom est Marco et le sien/tien
Je m'appelle Marco et toi ?

Eu me chamo Marie.
é^{o} m^{i} cham^{ou} mari
Je m'appelle Marie.

De onde você é?
dji õndji vossé è
de où tu es
Tu viens d'où ?

DE ONDE VOCÊ É?

(Tu viens d'où ?)

Eu sou francesa / belga / canadense / suiça...
é° sso°ᵘ frãnsséza / béouga / kanadenssⁱ/ ssouïssa
Je suis française / belge / canadienne / suisse...

... e estou de férias no Brasil.
ⁱ ésstoᵒᵘ dji fèriass nᵒᵘ brazi°
... et je suis en vacances au Brésil.

Que legal! E o que você faz lá?
ki léga° ! ⁱou ki vossé faⁱss là
que légal ! et le que tu fais là
C'est cool ! Et qu'est-ce que tu fais là-bas ?

Eu sou estudante, faço faculdade de Letras.
é° ssoᵒᵘ ésstoudãntchⁱ dji létrass
Je suis étudiante en fac de Lettres.

Você vai embora quando?
vossé vaⁱ ẽnbora kᵒᵘãndᵒᵘ
tu vas partir quand
Tu repars quand ?

Daqui 10 dias.
daki déⁱss djiass
d'ici dix jours
Dans 10 jours.

O que você vai fazer hoje à noite?
ou ki vossé vai fazér oji à noitchi
le que tu vas faire aujourd'hui à-la nuit
Qu'est-ce tu fais ce soir ?

Eu vou sair para dançar. Você quer vir?
éo voou ssair para dãnssar vossé kér vir
je vais sortir pour danser. tu veux venir
Je vais sortir danser. Tu veux venir ?

Claro!
klarou
clair
Bien sûr !

ACTIVITÉS ET MÉTIERS

Noms de métiers qui ont un masculin et un féminin :

cozinheiro **cozinheira**	*cozignéïrou* *cozignéïra*	cuisinier cuisinière
diretor **diretora**	*dirétor* *dirétora*	directeur directrice
engenheiro **engenheira**	*ẽnginéïrou* *ẽnginéïra*	ingénieur
garçon **garçonete**	*garssõn* *garssonètchi*	serveur serveuse
padeiro **padeira**	*padéïrou* *padéïra*	boulanger boulangère
professor **professora**	*proféssor* *proféssora*	professeur
médico **médica**	*mèdikou* *mèdika*	médecin
técnico **técnica**	*tèknikou* *tèknika*	technicien technicienne

Noms de métiers qui prennent la même forme au masculin et au féminin :

bombeiro	*bõnbéïr^ou*	pompier
caixa	*kaïcha*	caissier/-ère
estudante	*ésstoudãntch^i*	étudiant/e
jornalista	*jornalissta*	journaliste
motorista	*motorissta*	conducteur/ conductrice
policial	*polissia^o*	policier

AUTOUR DU TEMPS QUI PASSE

Pour bien organiser votre voyage il est important de connaître les noms des jours de la semaine, des mois, des saisons et l'heure. Ainsi, vous pourrez acheter un billet de bus, réserver un hôtel facilement et raconter votre itinéraire de voyage à un ami brésilien !

Les jours de la semaine

Que dia é hoje?
ki dji^a è oj^i
quel jour est aujourd'hui
Quel jour sommes-nous ?

dia da semana	*dji^a da ssémæna*	jour de la semaine
domingo	*domĩng^ou*	dimanche
segunda-feira	*sségounda-féïra*	lundi
terça-feira	*térssa-féïra*	mardi
quarta-feira	*k^ouarta-féïra*	mercredi
quinta-feira	*kĩnta-féïra*	jeudi
sexta-feira	*sséssta-féïra*	vendredi
sábado	*ssàbad^ou*	samedi

Attention : Le mot **feira** est souvent sous-entendu. On peut donc dire **segunda**, **terça**, etc. Seuls samedi et dimanche sont masculins ; les jours ouvrables sont féminins.

Les mois

O mês	*ou méïss*	Le mois
janeiro	*jænéïr^{ou}*	janvier
fevereiro	*févéréïr^{ou}*	février
março	*marss^{ou}*	mars
abril	*abri^{o}*	avril
maio	*maï^{ou}*	mai
junho	*jougn^{ou}*	juin
julho	*jouli^{ou}*	juillet
agosto	*agosst^{ou}*	août
setembro	*ssétẽnbr^{ou}*	septembre
outubro	*o^{ou}toubr^{ou}*	octobre
novembro	*novẽnbr^{ou}*	novembre
dezembro	*dézẽnbr^{ou}*	décembre

Les saisons

Dans un pays tropical, il est difficile de parler de saisons. Si dans le nord et nord-est il n'y a presque pas de différence entre l'été et l'hiver, dans le sud il peut faire assez froid !

a primavera (f.)	*a primavèra*	le printemps
o verão	*ou vérã^{on}*	l'été
o outono	*ou o^{ou}ton^{ou}*	l'automne
o inverno	*ou ĩnvérn^{ou}*	l'hiver

L'heure

a hora	*a ora*	l'heure
a meia-hora	*a méïa-ora*	la demi-heure
15 minutos	*kĩnz^{i} minout^{ou}ss*	un quart d'heure
o minuto (m.)	*ou minout^{ou}*	la minute
o segundo (m.)	*ou sségõund^{ou}*	la seconde

Pour la première demi-heure, de 0 à 30 minutes, par exemple 2 h 20, on dit d'abord les heures puis les minutes : **duas**, *deux*, puis **e**, *et*, suivi de **vinte**, *vingt*.

Pour la deuxième demi-heure, 2 h 45 par exemple, on peut employer deux formes au choix :

- soit **quinze**, *quinze* suivi de **para**, *pour* **as três**, c'est-à-dire *trois heures moins le quart* (littéralement "quinze pour les trois"),

- soit **duas e quarenta e cinco**, c'est-à-dire *deux heures quarante-cinq* (littéralement "deux et quarante et cinq").

Pour demander l'heure, on emploie toujours le pluriel : **Que horas são ?**, même si la réponse est au singulier : **é uma hora**, par exemple.
Par contre, l'auxiliaire **ser** de la réponse s'accorde toujours avec le nombre d'heures en question : **é 1 hora**, **é meio-dia**, **são 2 horas**, **são 3 horas…**

Notez bien qu'on ne dit pas le mot **hora** après le nombre d'heures quand il est suivi de minutes : **duas e vinte** et pas **duas horas e vinte** ! En revanche, quand il s'agit de l'heure pile, 1 h ou 2 h par exemple, il faut dire **1 hora**, **2 horas**.

Que horas são?
ki orass ssã[on]
que heures sont
Quelle heure est-il ?

São cinco e quinze.
ssã[on] ssĩnk[ou] [i] quĩnz[i]
sont cinq et quinze
Il est 5 h 15.

São sete e meia.
ssã[on] ssétchi [i] méi[a]
sont sept et demie
Il est sept heures et demie.

É uma e quarenta.
è õuma i kouarẽnta
est une et quarante
Il est une heure quarante.

São vinte para as duas.
ssãon vĩntchi para ass douass
sont vingt pour les deux
Il est deux heures moins vingt.

É meio-dia.
è méïou djia
est demi-jour
Il est midi.

É meia-noite.
è méïa noïtchï
est demi-nuit
Il est minuit.

LES NOMBRES

La construction des nombres en brésilien est très proche du français. En voici un petit échantillon. Reportez-vous aussi aux numéros des pages, nous les avons écrits en toutes lettres pour vous aider à apprendre à compter.

0	**zero**	*zérou*
1	**um**	*õun*
2	**dois**	*doïss*
3	**três**	*tréïss*
4	**quatro**	*kouatrou*
5	**cinco**	*ssĩnkou*
6	**seis**	*sséïss*
7	**sete**	*ssétchi*
8	**oito**	*oïtou*

9	**nove**	*nov^{i}*
10	**dez**	*déïss*
11	**onze**	*õnz^{i}*
12	**doze**	*doz^{i}*
13	**treze**	*tréz^{i}*
14	**quartorze**	*katorz^{i}*
15	**quinze**	*kĩnz^{i}*
16	**dezesseis**	*dézéssé^{ï}ss*
17	**dezessete**	*dézéssétch^{i}*
18	**dezoito**	*dézo^{ï}t^{ou}*
19	**dezenove**	*dézénov^{i}*
20	**vinte**	*vĩntch^{i}*
21	**vinte e um**	*vĩntch^{i} ^{i} õun*
22	**vinte e dois**	*vĩntch^{i} ^{i} do^{ï}ss*
23	**vinte e três**	*vĩntch^{i} ^{i} tré^{ï}ss*
24	**vinte e quatro**	*vĩntch^{i} ^{i} k^{ou}atr^{ou}*
25	**vinte e cinco**	*vĩntch^{i} ^{i} ssĩnk^{ou}*
26	**vinte e seis**	*vĩntch^{i} ^{i} ssé^{ï}ss*
27	**vinte e sete**	*vĩntch^{i} ^{i} ssétch^{i}*
28	**vinte e oito**	*vĩntch^{i} ^{i} o^{ï}t^{ou}*
29	**vinte e nove**	*vĩntch^{i} ^{i} nov^{i}*
30	**trinta**	*trĩnta*
40	**quarenta**	*k^{ou}arẽnta*
50	**cinqüenta**	*ssĩnk^{ou}ẽnta*
60	**sessenta**	*sséssẽnta*
70	**setenta**	*ssétẽnta*
80	**oitenta**	*o^{ï}tẽnta*
90	**noventa**	*novẽnta*
100	**cem**	*ssẽn*
110	**cento e dez**	*ssẽnt^{ou} ^{i} dé^{ï}ss*
200	**duzentos**	*douzẽnt^{ou}ss*
300	**trezentos**	*trézẽnt^{ou}ss*
400	**quatrocentos**	*k^{ou}atrossẽnt^{ou}ss*
500	**quinhentos**	*kĩgnẽnt^{ou}ss*
600	**seicentos**	*ssé^{ï}ssẽnt^{ou}ss*
700	**setecentos**	*ssétéssẽnt^{ou}ss*

800	**oitocentos**	*oïtossẽntᵒᵘss*
900	**novecentoss**	*novéssẽntᵒᵘss*
1000	**mil**	*miᵒ*
500 000	**quinhentos mil**	*kĩgnẽntᵒᵘss miᵒ*
1 million	**um milhão**	*õun miliãᵒⁿ*

ENTRÉE ET DÉPART DU PAYS

Le Brésil n'exige de visa ni pour les ressortissants européens ni pour les Canadiens qui voyagent pour moins de trois mois dans le pays, mais la loi peut être sévère en cas d'irrégularité. Donc, pensez à bien remplir le formulaire qui vous sera remis avant l'atterrissage de l'avion.

Lors du contrôle des papiers, ce formulaire ainsi que votre passeport seront tamponnés. Il est conseillé de conserver ce formulaire et de le rendre au moment du départ. Cela vous évitera d'en remplir un autre.

Voici quelques noms de pays francophones et les adjectifs / noms de nationalité qui en dérivent :

França → francês / francesa
frãnssa – frãnsséïss / frãnsséza
France – français / française

Suíça → suíço / suíça (m. / f.)
ssouïssa – souïssᵒᵘ/ souïssa
Suisse – suisse

Canadá → canadense
kanadà – kænadẽnssⁱ
Canada – canadien / canadienne

Bélgica → belga (m. et f.)
bèougika – bèouga
Belgique – belge

Quelques mots utiles pour l'entrée au Brésil :

a assinatura	*a assinatoura*	la signature
a cidade	*a ssidadji*	la ville
a data de nascimento	*a data dji nassimẽnt*^{ou}	la date de naissance
o endereço (m.)	*ou ẽndéréss*^{ou}	l'adresse postale
a entrada	*a ẽntrada*	l'entrée
o motivo da viagem	*ou motiv*^{ou} *da viagẽn*	le motif du voyage
a nacionalidade	*a nassionalidadji*	la nationalité
o nome completo	*ou nom*^{i} *kõnplèt*^{ou}	le nom complet (nom + prénom)
o número do passaporte	*ou noumér*^{ou} *d*^{ou} *passaportch*^{i}	le numéro du passeport
o país de origem	*ou païss dji origẽn*	le pays d'origine
a prorrogação	*a proRogassã*^{on}	la prorogation
a vacina (f.)	*a vassina*	le vaccin
o vencimento (m.)	*ou vẽnssimẽnt*^{ou}	la date d'expiration
o visto	*ou visst*^{ou}	le visa
a saída	*a ssaïda*	la sortie

visto de permanência temporária
visst^{ou} *dji pérmanẽnssi*^{a} *tẽnporari*^{a}
visa de court séjour

Não tenho nada a declarar.
nã^{on} *tégn*^{ou} *nada a déklarar*
Je n'ai rien à déclarer.

Vou ficar dois meses no Brasil.
vo^{ou} *fikar doïss méziss n*^{ou} *brazi*^{o}
Je vais rester deux mois au Brésil.

SE DÉPLACER AU BRÉSIL

Les déplacements au Brésil se font principalement en bus et en voiture. Les trains de voyageurs sont rares et les avions sont assez chers pour la population locale. Les routes, quant à elles, sont pour la plupart en bon état, mais il est fatigant de couvrir de grandes distances en bus ou en voiture. Dans ce cas, il vaut mieux prendre l'avion.

Avec les transports en commun

Dans les grandes villes, les transports en commun (bus de ligne, métro) sont assez efficaces, et on peut se déplacer partout. Le soir, il est conseillé de prendre le taxi, un peu plus cher mais aussi plus sûr. Pour les bus en ville, il faut leur faire un signe de la main pour qu'ils s'arrêtent, même si on se trouve à un arrêt de bus !

Dans les villes moins développées, les bus de ligne sont moins fréquents, mais ils font parfois les mêmes trajets pour moins cher. Il existe par ailleurs de petits terminaux où vous pourrez vous renseigner quant aux trajets, prix et horaires.

• En car

Les autocars des grandes lignes partent des gares principales. On peut parcourir presque tout le Brésil de cette façon. Certains trajets sont desservis par plusieurs compagnies. Dans ce cas, comparez les prix et le confort à bord avant de prendre vos billets. Pour les longs voyages, il vaut mieux choisir un car **executivo**, avec WC et climatisation, même s'il est plus cher.

o guichê	*ou guiché*	le guichet
a rodoviária	*a rodoviari[a]*	la gare routière
a passagem	*a passagẽn*	le billet
o ar condicionado	*ou ar kõndissionad[ou]*	la climatisation
o banheiro	*ou bagnéïr[ou]*	les toilettes
a janela	*a janéla*	la fenêtre
o corredor	*ou koRédor*	le couloir

Eu quero uma passagem de ida e volta para Porto Alegre, por favor.

é^{o} kér^{ou} õuma passagẽn dji ida^{i} voouta para port^{ou} alègr^{i} por favor

je veux un billet (f.) de aller et retour pour Porto Alegre, par faveur

Un billet aller-retour pour Porto Alegre, s'il vous plaît.

Eu gostaria de uma poltrona na janela.

é^{o} gosstari^{a} dji õuma pooutrona na janèla

je voudrais de un fauteuil (f.) dans-la fenêtre

Je voudrais une place côté fenêtre.

Eu gostaria de um lugar no corredor.

é^{o} gosstari^{a} dji õum lougar n^{ou} koRédor

je voudrais de un endroit dans-le couloir

Je voudrais une place côté couloir.

Qual é a plataforma de partida?

k^{ou}a^{o} è a plataforma dji partchida

quelle est la plateforme de départ

Quel est le quai de départ ?

• En bus et en métro

Se faire transporter en bus et en métro dans les grandes villes est assez facile. Pour les bus, on paye en montant ; on achète rarement les tickets à l'avance. Dans le métro, vous pouvez acheter les tickets à l'unité, par deux et parfois par carnets de dix. Mis à part à São Paulo, il n'existe pas de coupons hebdomadaires ou mensuels pour les transports en commun.

o guichê	*ou guiché*	le guichet
o metrô	*ou métro*	le métro
a passagem (f.)	*a passagẽn*	le billet
o ponto de ônibus	*ou põnt^{ou} dji onibouss*	l'arrêt de bus
a estação de metrô	*a ésstassã^{on} dji métro*	la station de métro

Quanto custa a passagem?
kouãntou koussta a passagẽn
Combien coûte le billet ?

Quais são os horários dos ônibus?
kouaïss ssãon ouss orariouss douss onibouss
Quels sont les horaires des bus ?

Onde é o ponto de ônibus para...?
õndji è ou põntou dji onibouss para
où est l'arrêt de bus pour
Où se trouve l'arrêt de bus pour... ?

• En taxi

Les taxis sont faciles à reconnaître : il y a toujours un voyant au-dessus de la voiture et il suffit de leur faire signe pour qu'ils s'arrêtent. Dans les grandes villes, il existe également les services de **rádio-taxi** que l'on peut appeler pour commander un taxi, même assez longtemps à l'avance. Demandez à votre hôtel de vous donner le numéro.

Tous les taxis ont un tarif de nuit et un autre pour la journée. Le compteur vous dira combien vous devez payer. Pour les **rádio-taxi**, prévoir un petit supplément.

Dans les petites villes, les taxis peuvent ne pas avoir de compteur. Dans ce cas, le chauffeur fixera un prix selon votre trajet. Essayez de négocier, car souvent, avec les touristes, ils demandent 50 % de plus !

Et pour finir, sachez qu'à Rio, les taxis vous font payer pour les bagages transportés dans le coffre. Mieux vaut être préparé.

o ponto de taxi	*ou põntou dji takssi*	l'arrêt de taxi
à direita	*a diréïta*	à droite
à esquerda	*a ésskérda*	à gauche

aqui/lá	*a<u>ki</u>/là*	ici/là-bas
em frente	*ẽn <u>frẽn</u>tch[i]*	tout droit/en face
a esquina	*a éss<u>ki</u>na*	le coin de rue
virar	*vi<u>rar</u>*	tourner

Você pode me dar o telefone de um rádio-taxi?
vo<u>ssé</u> <u>pò</u>dji m[i] dar ou tele<u>fon</u>[i] dji õum <u>rà</u>di[ou] <u>ta</u>kssi
vous pouvez me donner le téléphone de un radio-taxi ?
Pourriez-vous me donner le téléphone de la centrale de taxis ?

Quero ir ao centro da cidade.
<u>ké</u>r[ou] ir a[ou] <u>ssẽn</u>tr[ou] da ssi<u>da</u>dji
veux aller au centre de-la ville
Je voudrais aller au centre-ville.

Tem uma taxa extra para pagar?
tẽn <u>õu</u>ma <u>ta</u>cha <u>èss</u>tra <u>pa</u>ra pa<u>gar</u>
il-y-a une taxe extra pour payer
Est-ce qu'il y a un supplément à payer ?

Não quero colocar a bagagem no porta-malas.
nã[on] <u>ké</u>r[ou] kolo<u>kar</u> a ba<u>ga</u>gẽn n[ou] <u>por</u>ta <u>ma</u>lass
ne veux mettre le bagage (f.) dans-le porte-malles
Je ne veux pas mettre le bagage dans le coffre.

Quanto deu?
<u>k[ou]ãn</u>t[ou] dé[o]
combien donné
Ça fait combien ?

En voiture

Pour se garer dans les grandes villes, on peut acheter un **talão de estacionamento**, *carnet de tickets de stationnement*, sur lequel on inscrit soi-même l'heure et la date du début de stationnement. Le ticket doit bien entendu être mis en évidence à l'intérieur du véhicule.

Conduire au Brésil peut être une aventure. Faites très attention aux camions sur la route et aux feux de signalisation le soir : les conducteurs ne respectent pas toujours les règles de conduite !
Les grands kiosques à journaux ainsi que les librairies vendent le *Guia Quatro Rodas*, où l'on trouve des cartes routières couvrant tout le Brésil.

Onde fica a estrada que vai para o Rio?
õndji fika a ésstrada ki vai para ou riou
où reste la entrée qui va pour le Rio
Où se trouve la route qui mène à Rio ?

Você tem um mapa rodoviário?
vossé tẽn õum mapa rodoviàriou
vous avez un plan routier
Avez-vous une carte routière ?

Enche o tanque por favor.
ẽnchi ou tânki por favor
remplissez le tank par faveur
Le plein, s'il vous plaît.

o posto de gasolina (m.)	*ou posstou dji gazolina*	la station-service
a multa	*a mououta*	la contravention
o mapa	*ou mapa*	le plan/la carte
a rodovia	*a rodovia*	la route/l'autoroute
a placa de trânsito	*a plaka dji trãnzitou*	le panneau de signalisation routière
a estrada	*a ésstrada*	la route
a carteira de motorista (f.)	*a kartéïra dji motorissta*	le permis de conduire
a gasolina	*a gazolina*	l'essence
o pedágio	*ou pédagiou*	le péage

perigo	*périgᵒᵘ*	danger
proibido	*proïbidᵒᵘ*	interdit/défense de
devagar	*dévagar*	lentement
cuidado	*kouïdadᵒᵘ*	attention
permitido	*pérmitidᵒᵘ*	permis

• Louer une voiture

Louer une voiture dans les grandes villes n'est pas difficile. Il existe diverses agences de location et on peut aisément payer avec une carte de crédit. Par contre, qui dit petites villes dit aussi petites agences. Les petites agences sont souvent moins flexibles que les grandes et vous ne pourrez pas forcément y louer une voiture dans le but de la rendre à un autre endroit. De plus, les voitures ne sont pas toujours en très bon état… Vérifiez bien l'état de la voiture avant de signer le contrat de location.

Quanto custa o aluguel de um carro?
kᵒᵘãntᵒᵘ koussta ou alouguéᵒ dji õum kaRᵒᵘ
Combien coûte la location d'une voiture ?

Eu gostaria de alugar um carro pequeno/grande.
éᵒ gosstariᵃ dji alougar õum kaRᵒᵘ pékénᵒᵘ/grãndji
J'aimerais louer une grande/petite voiture.

Quero um seguro completo. Quanto custa por dia?
kérᵒᵘ õum sségourᵒᵘ kõnplètᵒᵘ kᵒᵘãntᵒᵘ koussta por djiᵃ
Je veux une assurance tous risques. Ça coûte combien par jour ?

alugar	*alougar*	louer
o seguro (m.)	*ou sségourᵒᵘ*	l'assurance
os documentos	*ouss dokouměntᵒᵘss*	les papiers
do carro	*dᵒᵘ kaRᵒᵘ*	de la voiture

• En cas de panne

Si vous avez loué une voiture et qu'elle tombe en panne, le mieux est d'appeler directement votre agence de location. Les agences disposent généralement d'un service de dépannage efficace. Et puis il y a partout au Brésil de petits garages qui effectuent des réparations à un prix modéré. Comme partout, il y a de bons et de mauvais mécaniciens. Le plus sûr est de demander les adresses des garages agréés par le fabriquant de votre voiture.

O carro quebrou. Onde fica a oficina mais próxima?
ou kaR^ou kébro^ou õndji fika a ofissina maïss prossima
La voiture est en panne. Où se trouve le garage le plus proche ?

Quando fica pronto?
k^ouãnd^ou fika prõnt^ou
Quand est-ce que ce sera prêt ?

Qual é o problema com o carro?
k^oua^o è ou probléma kõn ou kaR^ou
Quel est le problème de la voiture ?

guinchar	*guĩnchar*	remorquer
a oficina (f.)	*a ofissina*	le garage
o conserto (m.)	*ou kõnssért^ou*	la réparation
o mecânico	*ou mékænik^ou*	le mécanicien

o acelerador	*ou assélérador*	l'accélérateur
o arranque	*ou aRãnki*	le démarreur
a bateria	*a batéri^a*	la batterie
a borracharia (f.)	*a boRachari^a*	le garage de réparation de pneus
a buzina (f.)	*a bouzina*	le klaxon
o cabo	*ou kab^ou*	le câble
a caixa de câmbio	*a kaïcha dji kãnbi^ou*	la boîte de vitesses
o capô	*ou kapo*	le capot
o carro (m.)	*ou kaR^ou*	la voiture
a chave de fenda (f.)	*a chav^i dji fẽnda*	le tournevis

o cilindro	*ou ssilĩndr*^{ou}	le cylindre
a corrente (f.)	*a koRẽntch*^{i}	le courant
o dínamo (m.)	*ou dinæm*^{ou}	la dynamo
a direção	*a diréssã*^{on}	la direction
o eixo	*ou éïch*^{ou}	l'axe
a embreagem (f.)	*a ẽnbréagẽn*	l'embrayage
o escapamento	*ou ésskapamẽnt*^{ou}	l'échappement
o espelho	*ou ésspéli*^{ou}	le rétroviseur
o farol	*ou faro*^{o}	le phare
as ferramentas (f.)	*ass féRamẽntass*	les outils
o freio (de mão)	*ou fréï*^{ou} *(dji mã*^{on}*)*	le frein (à main)
o lipador de pára-brisas	*ou lĩnpador dji para-brizass*	l'essuie-glace
a marcha	*a marcha*	la vitesse
a marcha ré	*a marcha rè*	la marche arrière
as molas	*ass molass*	les suspensions
o motor	*ou motor*	le moteur
o óleo (m.)	*ou olé*^{ou}	l'huile
o para-brisas	*ou para-brizass*	le pare-brise
o parafuso (m.)	*ou parafouz*^{ou}	la vis
a peça de reposição	*a péssa dji répozissã*^{on}	la pièce de rechange
a pilha	*a pilia*	la batterie
o pneu	*ou péné*^{o}	le pneu
a porta	*a porta*	la porte
a pressão	*a préssã*^{on}	la pression
o radiador	*ou radiator*	le radiateur
o tanque	*ou tãnki*	le réservoir (d'essence)
o vidro (m.)	*ou vidr*^{ou}	la vitre

PAYSAGES DU BRÉSIL

La superficie du Brésil est telle qu'on pourrait y placer toute l'Europe. Cette grande étendue territoriale présente des environnements très divers : une forêt tropicale très humide, des régions presque désertiques dans le centre du pays, des plages aux eaux turquoises, des campagnes presque inhabitées et de grandes villes très peuplées. Il y en a pour tous les goûts !

L'environnement

Dans le nord du pays, la forêt amazonienne couvre encore la plupart du territoire, malgré le déboisement intensif pratiqué par des entreprises multinationales et brésiliennes. Dans le Nordeste, une fois qu'on s'éloigne du littoral, on trouve de vastes régions désertiques où la sécheresse est un des grands problèmes à résoudre. Le Sud-Est, au climat plus doux et doté de terres fertiles, est avec le Sud la région la plus riche du pays. De grandes villes comme Rio de Janeiro et São Paulo concentrent une activité industrielle soutenue et doivent donc faire face aux problèmes typiques du développement tels que la surpopulation et la pollution. Le Sud est une région riche en prairies dont le climat est plus frais en hiver. Quant au littoral brésilien, il est immense et ses plages sont très belles.
Face à cette diversité, le gouvernement brésilien essaie de créer une politique environnementale de protection et de développement des régions à problèmes, tant au moyen de partenariats internationaux qu'avec des entreprises locales. Mais les problèmes économiques du pays rendent difficiles des solutions immédiates. Les actions des communautés locales restent, dans ce cas, la meilleure façon de répondre aux besoins immédiats de protection de l'environnement.

o barulho	*ou barouli^ou^*	le bruit
a caatinga	*a kaatĩnga*	végétation caractéristique du Nordeste
o cerrado	*ou sséRad^ou^*	végétation marquée par la sécheresse
a contaminação	*a kõntaminassã^on^*	la contamination
o esgoto	*ou éssgot^ou^*	l'égout

a floresta	*a floréssta*	la forêt
o fogo	*ou fogou*	le feu
o incêndio	*ou înssêndiou*	l'incendie
o lixo	*ou lichou*	le déchet/la poubelle
a madeira (f.)	*a madéïra*	le bois (matière)
a mata (f.)	*a mata*	le bois
o mau cheiro (m.)	*ou mao chéïrou*	la mauvaise odeur
o meio ambiente	*ou méïou ãnbiẽntchi*	l'environnement
a paisagem (f.)	*a païzagẽn*	le paysage
o parque	*ou parki*	le parc
a reserva	*a rézerva*	la réserve
o poluente	*ou polouẽntchi*	le polluant
a poluição da água/do ar	*a polouïssãon da agoua/dou ar*	la pollution de l'eau/ de l'air
a poluição sonora	*a polouissãon ssonora*	la pollution sonore
a proteção do meio ambiente	*a protéssãon dou méïou ãnbiẽntchi*	la protection de l'environnement
a queimada (f.)	*a kéïmada*	le défrichement par le feu
o sertão (m.)	*ou ssértãon*	sorte de savane

Les grandes villes

La vie dans les grandes villes est très mouvementée : des voitures partout, des embouteillages, des bars et des restaurants ouverts toute la nuit… Si vous voulez boire ou manger à trois heures du matin, vous n'aurez aucun mal à trouver un endroit ouvert. Même au milieu de la nuit, il y a des choses à faire.

Les grandes villes brésiliennes "ne dorment jamais" !
Si vous cherchez un endroit pour sortir le soir, renseignez-vous auprès de votre hôtel, de votre consulat sur place ou demandez à un ami, car les offices du tourisme sont rares. Le mieux est toujours le bouche à oreille.

Dans les grandes villes, il y a des quartiers qu'il vaudra mieux éviter la nuit, car le risque d'être attaqué est grand.

Eu quero telefonar para a embaixada francesa / o consulado frances / canadense / belga / suíça.

é^{o} kér^{ou} téléfonar para a ẽnbaïchada frãnsséza / ou kõnssoulad^{ou} frãnsséz / kænadẽnss^{i}/ bèouga / souïssa

je veux téléphoner pour la ambassade française / le consulat français / canadien(ne) / belge / suisse

Je voudrais appeler l'ambassade de France / le consulat de France / du Canada / de Belgique / de Suisse.

Este bairro é perigoso à noite?

ésstch^{i} baïR^{ou} è périgoz^{ou} a no^{i}tch^{i}

ce quartier est dangereux à-la nuit

Est-ce que ce quartier est dangereux la nuit ?

Onde é o centro da cidade?

õndji è ou ssẽntr^{ou} da ssidadji

où est le centre de-la ville

Où est le centre-ville ?

Você deve continuar sempre reto.

vossé dèv^{i} kõntinouar sẽnpr^{i} rèt^{ou}

tu dois continuer toujours droit

Tu dois/Vous devez continuer tout droit.

ESTE BAIRRO É PERIGOSO À NOITE?

(Est-ce que ce quartier est dangereux la nuit ?)

Onde é o museu / o shopping?
õndji è ou mouzé°/ ou chòp^ing
où est le musée / le shopping
Où se trouve le musée / le centre commercial ?

Você deve virar na segunda rua à esquerda.
vossé dèv^i virar na sségõunda roua a ésskérda
tu dois tourner dans-là deuxième rue à gauche
Tu dois tourner dans la deuxième rue à gauche.

Estou procurando uma agência de viagem.
ésstoou prokourãndou õuma agẽnssi^a dji viagẽn
suis procurant une agence de voyage
Je cherche une agence de voyages.

Tem uma agência do outro lado da rua.
tẽn õuma agẽnssi^a dou oou trou ladou da roua
il-y-a une agence de l'autre côté de-là rue
Il y a une agence de l'autre côté de la rue.

Onde tem um restaurante bom e barato?
õndji tẽn õum résstaourãntch^i bõn ^i baratou
où il-y-a un restaurant bon et bon-marché
Où y a-t-il un restaurant bon et pas cher ?

Logo ali na esquina tem um!
logou ali na ésskina tẽn õum
vite ici dans le-coin il-y-a un
Tout là-bas dans le coin il y en a un !

Como eu chego na rodoviária?
komou é° chégou na rodoviari^a
comment je arrive dans-la gare-routière
Comment arrive-t-on à la gare routière ?

o acidente	*ou assidẽntch^i*	l'accident
a agência de viagens	*a agẽnssia dji viagẽnss*	l'agence de voyages

a alameda	*a alæméda*	l'allée
o andar	*ou ãndar*	l'étage
o apartamento	*ou apartamẽnt*^{ou}	l'appartement
atravessar	*atravéssar*	traverser
a avenida	*a avénida*	l'avenue
o bairro	*ou baïR*^{ou}	le quartier
a banca de jornal	*a bãnka dji jorna*^{o}	le kiosque à journaux
o barulho	*ou barouli*^{ou}	le bruit
a biblioteca	*a bibliotèka*	la bibliothèque
a bicicleta	*a bissiklèta*	le vélo
a boate	*a boatch*^{i}	la boîte de nuit
o caminhão	*ou kæmignã*^{on}	le camion
a capital	*a kapita*^{o}	la capitale
a casa	*a kaza*	la maison
o centro	*ou ssẽntr*^{ou}	le centre-ville
a cidade	*a ssidadji*	la ville
o cinema	*ou ssinéma*	le cinéma
o consulado	*ou kõnssoulad*^{ou}	le consulat
a danceteria	*a dãnssétéri*^{a}	le dancing
o edifício	*ou édifissi*^{ou}	le bâtiment/l'immeuble
a embaixada	*a ẽnbaïchada*	l'ambassade
o engarrafamento	*ou ẽngaRafamẽnt*^{ou}	l'embouteillage
a estrada	*a ésstrada*	la route
o farol/	*ou faro*^{o}*/*	les feux de signalisation
o semáforo	*ou ssémafor*^{ou}	
a favela	*a favèla*	le bidonville
a feira	*a féïra*	le marché de rue*
a festa	*a féssta*	la fête
a galeria	*a galéri*^{a}	la galerie
o guia	*ou gui*^{a}	le guide
a igreja	*a igréja*	l'église
o jornal	*ou jorna*^{o}	le journal
a lanchonete	*a lãnchonètch*^{i}	le bar/le café
a lavanderia	*a lavãndéri*^{a}	la laverie
a livraria	*a livrari*^{a}	la librairie

* stands de fruits et légumes directement du producteur

o mapa	*ou mapa*	le plan, la carte
o mercado	*ou mérkad^ou^*	le marché
a moto	*a mot^ou^*	la moto
o parque	*ou parki*	le parc
a periferia	*a périféria*	la banlieue / la périphérie
a poluição	*a polouïssã^on^*	la pollution
a praça	*a prassa*	la place
a revista	*a révissta*	le magazine
o teatro	*ou téatr^ou^*	le théâtre
o trânsito	*ou trãnzit^ou^*	la circulation
a universidade	*a ounivérssidadji*	l'université
a vila	*a vila*	le village, la villa

La plage

La plage tient une place très importante dans la culture brésilienne. On s'y repose, on y bavarde avec des amis, on y fait des connaissances… Les Brésiliens sont habitués à s'y rendre tôt et à y rester toute la journée ; ils mangent, jouent au foot, nagent, etc. Faites de même !

Sur les plages, on rencontre souvent des Européens qui font du monokini, mais les Brésiliens, dans l'ensemble, n'apprécient pas. En revanche, personne n'est contre les deux-pièces si minimalistes qu'on a du mal à voir le tissu !

Les plages aux alentours des grandes agglomérations sont en grande majorité polluées, à cause des foyers qui déversent illégalement l'eau de rebut dans les canalisations. La situation s'aggrave après de fortes pluies, répandant un colibacille responsable de troubles intestinaux et urinaires.

Sur les plages très fréquentées comme celles de Rio, n'amenez que l'indispensable. Vos affaires peuvent vite disparaître.

Si le soleil vous donne soif ou si vous avez un petit creux, installez-vous dans un de ces kiosques de bord de mer (il y en a sur toutes les plages fréquentées) et dégustez la **água**

de coco, *l'eau de noix de coco*, directement dans la noix de coco, ou encore des huîtres et des moules ! Les moules sont cuites dans l'eau et on les mange agrémentées de quelques gouttes de citron vert. Les crabes, également cuits à l'eau, sont mangés après qu'on les ait cassés à l'aide d'un petit marteau. Si vous êtes trop paresseux pour vous déplacer, les vendeurs ambulants viendront à vous ! Bien sûr, si vous préférez une plage déserte, emportez à boire et à manger, car si quelqu'un y vend quelque chose, le prix sera forcément plus élevé.

Como chegar na praia?
komou chégar na praia
comment arriver dans-la plage
Comment arrive-t-on à la plage ?

Qual é a melhor praia?
kouao è a mélior praia
quelle est la meilleure plage
Quelle est la meilleure plage ?

Esta praia é poluída?
éssta praia è polouïda
cette plage est polluée
Cette plage est-elle polluée ?

Eu quero uma água por favor.
éo kérou õuma agoua por favor
je veux une eau par faveur
Je voudrais de l'eau, s'il vous plaît.

Eu quero uma porção de caranguejo.
éo kérou õuma porssãon dji karãnguéjou
je veux une portion de crabe
Je voudrais une portion de crabe.

É perigoso nadar aqui?
è périgozou nadar aki
est dangereux nager ici
Est-il dangereux de nager par ici ?

Aqui é bom para mergulhar?
aki è bõn para mérgouliar
ici est bon pour plonger
Ici, c'est bien pour plonger ?

As correntes são fortes.
ass koRẽntch'ss ssã^on fort'ss
les courants (f.) sont fortes
Les courants sont forts.

A maré está subindo/descendo.
a marè éssta soubĩnd^ou / déssẽnd^ou
la marée est montant / descendant
La marée est en train de monter / de descendre.

a água	*a ag^oua*	l'eau
a alga	*a aouga*	l'algue
a areia (f.)	*a aréïa*	le sable
o biquine	*ou bikini*	le bikini/le deux-pièces
o calção de banho	*ou kalssã^on*	le caleçon de bain
o camarão	*ou kæmarã^on*	la crevette
o caranguejo	*ou karãnguéj^ou*	le crabe
os corais	*ouss koraïss*	les coraux
o fio dental	*ou fi^ou dẽnta^o*	le maillot brésilien (le "fil dentaire")
fundo	*fõund^ou*	profond
o guarda-sol	*ou g^ouarda so^o*	le parasol
a ilha	*a ilia*	l'île
a lua	*a loua*	la lune
o maiô	*ou maïo*	le maillot de bain (femme)
o mar (m.)	*ou mar*	la mer
a maré alta/baixa	*a marè aouta/baïcha*	la marée haute/basse
mergulhar	*mérgouliar*	plonger
o mexilhão (m.)	*ou méchiliã^on*	la moule
a onda	*a õnda*	la vague
a ostra	*a osstra*	l'huître

o ouriço-do-mar	*ou o^{ou}riss^{ou} d^{ou} mar*	l'oursin
a piscina	*a pissina*	la piscine
a praia	*a prai^{a}*	la plage
a profundidade	*a profõundidadji*	la profondeur
o protetor solar (m.)	*ou protétor solar*	la crème solaire
raso	*raz^{ou}*	peu profond
o recife	*ou réssif^{i}*	le récif
a sunga (f.)	*a ssõunga*	le maillot de bain
o snorkel	*ou ssnorké^{o}*	le tuba
o sol	*ou so^{o}*	le soleil
a toalha de banho	*a toalia dji bagn^{ou}*	la serviette de bain

La campagne

En dehors des zones touristiques, la campagne brésilienne n'offre souvent pas le même confort que la ville, mais on y est bien plus proche de la nature. À la fin de la journée, dans les petites communautés, les habitants sont presque tous dans la rue ou devant leur maison pour bavarder un peu et se raconter des histoires. Les voyageurs étrangers suscitent un grand intérêt, et si vous prenez la peine de dire bonjour et d'échanger quelques mots avec les villageois, bien souvent, on vous invitera à prolonger la conversation autour d'une table ou devant un verre. Les gens de la campagne ont toujours des histoires intéressantes à raconter, et les enfants seront les premiers à vous suivre et à devenir vos amis.

Si vous partez en randonnée dans des régions moins habitées, vous aurez parfois du mal à trouver un hébergement. Armez-vous donc d'une *moustiquaire,* **mosquiteiro** et d'un *hamac,* **rede** : quoi de plus agréable qu'une nuit à la belle étoile (mais sans moustiques) ?

Si vous faites des randonnées à travers des plantations ou au milieu de la végétation, attention aux serpents. Ils sont généralement peureux et prendront la fuite, mais il vaut mieux regarder où on met les pieds !

Si vous voyez des arbres fruitiers et que les fruits vous font envie, demandez toujours au propriétaire l'autorisation d'en prendre quelques-uns pour goûter. On ne refusera jamais ce plaisir à un étranger respectueux.

Eu posso tomar banho nesse rio?
é^{o} poss^{ou} tomar bagn^{ou} néss^{i} ri^{ou}
je peux prendre bain dans-ce rivière (m.)
Est-ce que je peux me baigner dans cette rivière ?

Eu posso pegar algumas frutas?
é^{o} poss^{ou} pégar aougoumass froutass
je peux prendre quelques fruits (f.)
Est-ce que je peux prendre quelques fruits ?

Você conhece a história desse lugar?
vossé kõngnéss^{i} a isstòria déss^{i} lougar
vous connaissez/tu connais la histoire de-ce lieu
Connais-tu l'histoire de cet endroit ?

O que eu posso visitar na região?
ou ki é^{o} poss^{ou} vizitar na régiã^{on}
le que je peux visiter dans-la région
Qu'y a-t-il à visiter dans la région ?

Faz tempo que você mora aqui?
faïss tẽnp^{ou} ki vossé mòra aki
fait temps que tu habites/vous habitez ici
Est-ce que ça fait longtemps que vous habitez ici ?

andar/caminhar	*ãndar/kæmignar*	marcher
o animal	*ou anima^{o}*	l'animal
a árvore	*a arvor^{i}*	l'arbre
o campo	*ou kãnp^{ou}*	le champ, la campagne
o camponês	*ou kãnponéïss*	le paysan

a chácara	*a chàkara*	petite propriété rurale
a cobra	*a kobra*	le serpent
a corrente	*a koRẽntch*^{i}	le torrent, le courant
descer	*déssér*	descendre
descida	*déssida*	la descente
a estrada	*a ésstrada*	la route
a fazenda	*a fazẽnda*	la ferme
a flor	*a flor*	la fleur
o lago	*ou lag*^{ou}	le lac
a lagoa	*a lagoa*	la lagune
o mato	*ou mat*^{ou}	la forêt, la végétation
a montanha	*a mõntagna*	la montagne
o norte	*ou nortch*^{i}	le nord
o oeste	*ou oèsstch*^{i}	l'ouest
o sul	*ou ssou*^{o}	le sud
o leste	*ou lèsstch*^{i}	l'est

L'Amazonie

Ce poumon du monde n'est pas seulement connu pour sa végétation exhubérante, mais aussi pour la diversité de sa faune et de sa flore. Plus de 1 500 espèces de poissons, 2 000 d'oiseaux, 250 espèces de mammifères, 2 500 variétés de plantes... Tout l'écosystème amazonien fonctionne grâce à la fréquence des pluies. Mais la pluie favorise la prolifération des insectes et autres moustiques responsables de la fièvre jaune et du paludisme. N'oubliez donc surtout pas de vous faire vacciner avant votre départ et veillez à emporter des produits antimoustiques !

Dans la forêt amazonienne, vous aurez la possibilité de rendre visite à certaines tribus indiennes. Si vous avez cette chance, évitez le voyeurisme et montrez un réel intérêt pour leur culture et leur façon de vivre. Dans cette région, le moyen de transport par excellence est le bateau. L'eau est la source de vie de la faune, de la flore mais aussi des humains. La population du Nord du pays est très influencée par la culture indigène, caractérisée en particulier par une grande simplicité tant dans le mode de vie que dans la façon de parler et de s'habiller.

En réalité, l'Amazonie n'est pas seulement une immense forêt. Manaus, capitale de l'État de l'Amazonas et porte d'entrée pour la forêt amazonienne, est une ville coloniale très imposante. On y trouve encore de nombreux bâtiments de l'époque coloniale bâtis selon des modèles français.

Onde posso fazer um passeio de barco?
õndji é^{o} pòss^{ou} fazér õum passéi^{ou} dji bark^{ou}
où peux faire un promenade (m.) de bateau
Où peut-on faire une promenade en bateau ?

É possível de ver animais na floresta?
è possìvé^{o} dji vér animaïss na florèssta
est possible de voir animaux dans-la forêt
Peut-on voir des animaux dans la forêt ?

Que árvore/planta é essa?
ki àrvor^{i}/plãnta è èssa
quel arbre (f.)/plante est celle-là
Quel est cet arbre ? / Quelle est cette plante ?

Que animal é esse?
ki aenima^{o} è èss^{i}
quel animal est celui-là
Quel est cet animal ?

Podemos ir à uma tribo?
podém^{ou}ss ir a õuma trib^{ou}
pouvons aller à une tribu
Est-il possible d'aller voir une tribu ?

igaiapó	*igaïapò*	végétation de la várzea
índio	*ĩndi^{ou}*	Indien/indien

a mata	*mata*	le bois (lieu)
a picada	*pikada*	la piqûre (d'insecte)
tribo	*tribou*	tribu
várzea	*varzéa*	plaine fertile près d'une rivière
a seringueira (f.)	*a sséring̃uéïra*	le caoutchouc
a vitória-régia (f.)	*a vitòria règia*	le nénuphar géant
a arara (f.)	*a arara*	l'ara
o bicho-pregüiça	*ou bichou prégouïssa*	le paresseux
a capivara (f.)	*a kapivara*	le cabiai
a cobra (f.)	*a kobra*	le serpent
o jacaré	*ou jakarè*	le caïman
o macaco	*ou makakou*	le singe (générique)
a onça pintada (f.)	*a õnssa pĩntada*	le jaguar
a piranha (f.)	*a piragna*	le piranha
o sapo	*ou ssapou*	le crapaud
o urubú	*ou ouroubou*	le vautour

Le Pantanal

Au centre du pays, le Pantanal est une grande plaine traversée par de nombreuses rivières qui, en période de pluie (de décembre à mars), forment un grand marécage abritant une énorme quantité d'animaux. Au contraire de l'Amazonie, où les animaux se cachent au milieu de la végétation, la plaine du Pantanal vous offre pour ainsi dire la vie sauvage en spectacle ! La meilleure époque pour découvrir la faune va de juin à août.

Dans cette région, le tourisme rural et écologique est en plein essor et de nombreux propriétaires de fermes accueillent désormais les voyageurs. Vous pourrez donc trouver le gîte et le couvert dans une **fazenda**, *ferme*, et profiter pleinement des plaisirs de la nature tout en découvrant la vie rustique des **pantaneiros**, *habitants du Pantanal*, qui passent une grande partie de leur temps sur le dos de leur cheval !

Você conhece alguma hospedagem em fazenda?
vossé kõngnèssi aougouma osspédagẽn ẽn fazẽnda
tu connais/vous connaissez quelque hébergement (f.) en ferme
Connaissez-vous un hébergement dans une ferme ?

Que animal/pássaro é esse?
ki anima°/pàssarou è èssi
quel animal/oiseau est celui-là
Quel est cet animal/cet oiseau ?

Onde eu posso alugar um cavalo?
õndji é° pòssou alougar õum kavalou
où je peux louer un cheval
Où pourrais-je louer un cheval ?

Podemos ir pescar?
podémouss ir péskar
pouvons aller pêcher
On peut aller à la pêche ?

Onde eu posso nadar?
õndji é° pòssounadar
où je peux nager
Où peut-on nager ?

Como eu faço para ir até a cidade?
komou é° fassou para ir atè a ssidadji
comment je fais pour aller jusque la ville
Comment fait-on pour aller en ville ?

a lagoa	*a lagoa*	le lac
o pântano	*ou pãntanou*	le marécage
o rio	*ou riou*	la rivière
a arara	*a arara*	l'ara
a capivara	*a kapivara*	cabiai*
o cervo	*ou sservou*	le cerf
o jacaré	*ou jakarè*	le caïman

* grand rongeur qui vit au bord des rivières

a jibóia	*a jiboïa*	le boa
a onça	*a õnssa*	le jaguar
o pacú	*ou pakou*	grand poisson de couleur foncée
a sucuri	*a ssoukouri*	l'anaconda
o tamanduá bandeira	*ou tæmãndoua bãndéïra*	le fourmilier
o tatú	*ou tatou*	le tatou
o tucano	*ou toukæn^{ou}*	le toucan
o tuiuiú	*ou touïouïou*	l'oiseau symbole du Pantanal

L'HÉBERGEMENT

Dans les centres touristiques, toutes les catégories d'hébergement sont disponibles, mais en haute saison il peut être difficile de trouver une place sans avoir fait une réservation. Si vous n'avez pas réservé à l'avance, nous vous conseillons de parcourir quelques hôtels et **pousadas** pour comparer le rapport qualité-prix. Une relative simplicité ne signifie pas forcément un manque de confort, et un hôtel plus simple vous rapprochera souvent mieux de la vraie culture brésilienne.
Le petit-déjeuner est presque toujours inclus dans le prix de la nuitée. Hors saison, vous pouvez négocier les prix.

dormir	*dormir*	dormir
a informação	*a ĩnformassã^{on}*	l'information
livre	*livr^{i}*	libre
o preço	*ou préss^{ou}*	le prix
a casa	*a kaza*	la maison
o quarto	*ou k^{ou}art^{ou}*	la chambre
o jardim	*ou jardĩn*	le jardin
lavar	*lavar*	laver
a chave	*a chav^{i}*	la clef
completo	*kõnplèt^{ou}*	complet

À l'hôtel

On trouve des hôtels dans tous les centre-villes partout où il y a des touristes. En général, les **hotéis**, *hôtels*, sont réputés plus chers et moins chaleureux au niveau de l'accueil que les **pousadas**.

o hotel
ou oté^{o}
l'hôtel

o cofre do hotel
ou kofr^{i} d^{ou} oté^{o}
le coffre de l'hôtel

Eu estou procurando um hotel barato.
é^{o} ésstо^{ou} prokourãnd^{ou} õum oté^{o} barat^{ou}
je suis cherchant un hôtel bon-marché
Je cherche un hôtel bon marché.

Vou sair amanha do hotel.
vo^{ou} ssaïr æmagnã d^{ou} oté^{o}
vais sortir demain du hôtel
Je quitte l'hôtel demain.

Tem cofre no hotel?
tẽn kofr^{i} n^{ou} oté^{o}
il-y-a coffre dans-le hôtel
Y a-t-il un coffre dans l'hôtel ?

Quanto é a diária?
k^{ou}ãnt^{ou} è a diàri^{a}
combien est la journalière
C'est combien par jour ?

Eu posso ver o quarto?
é^{o} poss^{ou} vér ^{ou} k^{ou}art^{ou}
je peux voir la chambre (m.)
Est-ce que je peux voir la chambre ?

Quero uma cama de casal.
kérou õuma kæma dji kazao
veux un lit (f.) de couple
Je veux un lit à deux places.

Eu estou viajando sozinho.
éo ésstoou viajãndou ssozignou
je suis voyageant seul
Je voyage tout seul.

Nós somos quatro pessoas.
nòïss ssomouss kouartou péssoass
nous sommes quatre personnes
Nous sommes quatre personnes.

Tem quarto com cinco camas?
tẽn kouatrou kõn ssĩnkou kæmass
il-y-a chambre avec cinq lits
Est-ce qu'il y a une chambre avec cinq lits ?

Eu gostaria de ver um outro quarto.
éo gosstaria dji vér õum ooutrou kouartou
je aimerais de voir une autre chambre (m.)
Je voudrais voir une autre chambre.

Quero um quarto com vista para o mar.
kérou õum kouartou kõn vissta para ou mar
veux une chambre avec vue pour la mer (m.)
Je voudrais une chambre avec vue sur la mer.

Preciso de uma toalha de banho.
préssizou dji õuma toalia dji bagnou
ai-besoin de une serviette de bain
J'ai besoin d'une serviette de bain.

Quero mais um travesseiro / um corbertor.
kérou maïss õum travésséïrou / õum kobértor
veux plus un oreiller / une couverture (m.)
Je voudrais un oreiller / une couverture supplémentaire.

O ventilador está quebrado.
ou vẽntila<u>dor</u> éss<u>ta</u> ké<u>brad</u>ᵒᵘ
le ventilateur est cassé
Le ventilateur est cassé.

O chuveiro não funciona.
ou chou<u>véï</u>rᵒᵘ nãᵒⁿ fõunssi<u>o</u>na
la douche (m) ne fonctionne
La douche ne marche pas.

Tem um quarto mais silencioso?
tẽn õum <u>kᵒᵘart</u>ᵒᵘ <u>maï</u>ss ssilẽnssi<u>o</u>zᵒᵘ
il-y-a une chambre (m) plus silencieuse
Avez-vous une chambre moins bruyante ?

Dans une pousada

Voici un mode d'hébergement simple et confortable que l'on trouve partout, même dans les petits villages et les coins reculés. Les **pousadas** sont une sorte d'hôtel plus simple, un peu l'équivalent d'une pension : elles disposent souvent d'un moins grand nombre de chambres, la décoration est simple et l'ambiance y est plus familiale et conviviale. Généralement, les propriétaires s'occupent eux-mêmes de la réception. Les nuitées incluent le petit-déjeuner, mais rarement le déjeuner ou le dîner ; pour ces deux repas, il faut aller dans un restaurant.
Pensez à vous munir d'argent liquide, car les **pousadas** n'acceptent pas toujours les cartes de crédit.

a pousada	*a poou<u>za</u>da*	la pension
o almoço	*ou aou<u>moss</u>ᵒᵘ*	le déjeuner
o armário	*ou ar<u>mar</u>iᵒᵘ*	le placard
o banheiro	*ou ba<u>gnéï</u>rᵒᵘ*	la salle de bains / les toilettes
o café da manhã	*ou ka<u>fè</u> da ma<u>gnã</u>*	le petit-déjeuner
a cama (f.)	*a <u>kæ</u>ma*	le lit

o chuveiro (f.)	*ou chouvéïrou*	la douche
o cobertor (m.)	*ou kobértor*	la couverture
o colchão	*ou koouchãon*	le matelas
o espelho	*ou ésspéliou*	le miroir
o jantar	*ou jãntar*	le dîner
o lençol	*ou lẽnssoo*	le drap
a luz	*a louïss*	la lumière
a mesa	*a méza*	la table
a pia (f.)	*a pia*	le lavabo
a porta	*a porta*	la porte
o quarto (m.)	*ou kouartou*	la chambre
o sabonete (m.)	*ou ssabonétchi*	la savonnette
a toalha	*a toalia*	la serviette de bain
a torneira (f.)	*a tornéïra*	le robinet
o travesseiro	*ou travésséïrou*	l'oreiller

Vou ficar seis dias na pousada.
voou fikar sséïss djiass na poouzada
vais rester six jours dans-la pension
Je vais rester six jours à la pension.

O ESPELHO
(le miroir)

Aceita cartão de crédito?
asséïta kartã[on] dji krèdit[ou]
accepte carton de crédit
Acceptez-vous les cartes de crédit ?

Vocês servem almoço?
vosséïss ssérvẽn aoumoss[ou]
vous servez déjeuner
Servez-vous le déjeuner ?

Onde posso deixar a chave do quarto?
õndji pòss[ou] déïchar a chav[i] d[ou] k[ou]art[ou]
où peux laisser la clé de-la chambre (m.)
Où puis-je déposer la clef de la chambre ?

A que horas vocês servem o café da manhã?
a ki orass vosséïss ssérvẽn ou kafè da magnã
à quelle heures vous servez le café du matin (f.)
À quelle heure servez-vous le petit-déjeuner ?

Le camping

Au Brésil, on peut théoriquement planter sa tente sur n'importe quelle plage, mais cette pratique est vivement déconseillée en raison des vols. Pour le camping organisé, préférez les terrains de camping "officiels" et dotés d'une bonne infrastructure : ils sont nombreux, surtout en bord de mer.

Au Brésil, ce sont surtout les jeunes qui font du camping. D'abord parce que c'est moins cher, mais aussi parce que c'est plus "aventureux".

L'ambiance des campings n'est pas toujours très conviviale ; il s'agit le plus souvent de lieux où on peut planter sa tente pour dormir. Mais s'il y a un groupe, tout devient plus intéressant : il y toujours quelqu'un qui joue de la guitare, on fait un feu de camp, et la soirée devient alors très chaleureuse !

a cozinha	*a kozigna*	la cuisine
o camping	*ou kãnpĩng*	le terrain de camping
o mosquiteiro	*ou mosskitéïr[ou]*	la moustiquaire
a lanterna	*a lãntérna*	la lampe de poche, la lanterne
a vela	*a vèla*	la bougie

Tem uma tomada no camping?
tẽn õuma tomada n[ou] kãmping
il-y-a une prise dans-le camping
Est-ce qu'il y a une prise d'électricité dans le camping ?

Tem água quente?
tẽn àg[ou]a kẽntch[i]
il-y-a eau chaude
Est-ce qu'il y a de l'eau chaude ?

Você tem fósforo?
vossé tẽn fòssfor[ou]
tu as/vous avez allumettes
Vous avez des allumettes ?

Onde eu posso montar a minha barraca?
õndji é[o] pòss[ou] mõntar migna baRaka
où je peux monter la mienne baraque
Où est-ce que je peux monter ma tente ?

ÊTRE INVITÉ

Si vous partez au Brésil et connaissez quelqu'un sur place, même l'ami d'un ami, il est fort probable que vous serez invité à dîner, à déjeuner, ou même qu'on vous proposera de vous héberger.
Les Brésiliens sont très amicaux et on se sent vite à l'aise chez eux. Le repas sera toujours convivial et informel, et vous serez

traité comme si vous étiez de la famille. Si vous apportez un petit cadeau, votre geste sera très apprécié. Être invité, c'est partager un bon moment de conversation familiale et savourer un repas préparé pour vous faire aimer la cuisine brésilienne. Proposer de l'argent en échange du gîte peut être pris comme offense. Même les gens les plus pauvres mettent un point d'honneur à partager le peu qu'ils ont avec leur hôte.

Si vous retrouvez quelqu'un au restaurant, il est poli de vouloir partager l'addition, même si généralement celui qui invite est aussi celui qui paie.

Muito obrigado/obrigada pelo convite.
mouïtou obrigadou/obrigada pélou kõnvitchi
beaucoup obligé/obligée pour-la invitation (m.)
Merci beaucoup pour l'invitation.

Vamos dividir a conta.
væmouss dividir a kõnta
allons diviser le compte (f.)
Nous allons partager l'addition.

Você é meu convidado / minha convidada.
vossé è méo kõnvidadou / migna kõnvidada
vous êtes/tu es mon invité / invitée
Tu es mon invité/e.

Posso ficar na sua casa?
possou fikar na ssoua kaza
peux rester dans-la tienne/vôtre maison
Est-ce que je peux rester chez toi / chez vous ?

Eu te apresento minha família.
éo tchi aprèzẽntou migna familia
je te présente mienne famille
Je te présente ma famille.

Bem vindo à minha casa!
bẽn vĩnd^ou a migna kaza
bien venu à-la mienne maison
Bienvenue à la maison !

Sinta-se à vontade!
ssĩntass^i a võntadji
sentez-se à-la volonté
Mettez-vous à l'aise !

Pode se servir!
pòdji ss^i ssérvir
pouvez se servir
Servez-vous !

Esta comida está deliciosa!
èssta komida éssta délissiòza
cette nourriture est délicieuse
Ce repas est délicieux !

O que você gostaria de beber?
ou ki vossé gosstari^a dji bébér
le que vous aimeriez/tu aimerais de boire
Qu'est-ce que vous voulez/tu veux boire ?

Quais ssão os ingredientes desse prato?
k^ouaïss ssã^on ouss ĩngrédiẽntch^iss déss^i prat^ou
quel sont les ingrédients de-ce plat
Quels sont les ingrédients de ce plat ?

Eu gostaria de comer mais um pouco.
é^o gosstari^a dji komér maïss õum po^ouk^ou
je aimerais de manger plus un peu
J'aimerais en reprendre.

O que eu preciso levar?
ou ki é^o préssiz^ou lévar
le quoi je dois apporter
Qu'est-ce que je dois apporter ?

o apelido	*ou apélidou*	le nom de famille
a avó	*a avò*	la grand-mère
o avô	*ou avo*	le grand-père
o bebê/neném	*ou bébé/nénẽn*	le bébé
o/a caçula	*ou/a kassoula*	le/la benjamin/e
o convidado	*ou kõnvidadou*	l'invité
o convite	*ou kõnvitchi*	l'invitation
a família	*a familia*	la famille
a filha	*a filia*	la fille
o filho	*ou filiou*	le fils
o genro	*ou gẽnrou*	le gendre
a irmã	*a irmã*	la sœur
o irmão	*ou irmãon*	le frère
a lembrança (f.)	*a lẽnbrãnssa*	le souvenir
a mãe	*a mãeing*	la mère
o mais velho	*ou maïss véliou*	l'aîné
a neta	*a nèta*	la petite-fille
o neto	*ou nètou*	le petit-fils
a nora	*a nòra*	la belle-fille
o pai	*ou paï*	le père
o presente	*ou prézẽntchi*	le cadeau
a prima	*a prima*	la cousine
o primo	*ou primou*	le cousin
a sogra	*a ssògra*	la belle-mère
o sogro	*ou ssogrou*	le beau-père
a tia	*a tia*	la tante
o tio	*ou tiou*	l'oncle
o xará	*ou charà*	l'homonyme

PRENDRE DES PHOTOS

Les Brésiliens, dans leur majorité, aiment bien se faire prendre en photo, mais si vous voulez photographier quelqu'un que vous ne connaissez pas, il va de soi qu'il faut d'abord lui demander s'il est d'accord. Il se peut qu'on vous demande

un peu d'argent en échange. Dans les musées et monuments publics, il vaut mieux se renseigner – les photos sont parfois interdites.
Dans les villages, il peut être difficile de trouver des pellicules.

a máquina fotográfica	*a makina fotografika*	l'appareil photo
o filme colorido	*ou fioum^{i} kolorid^{ou}*	la pellicule couleurs
o filme preto e branco	*ou fioumi prét^{ou} ^{i} brãnk^{ou}*	la pellicule noir et blanc
revelar	*révélar*	développer
tirar uma foto	*tirar õuma fòt^{ou}*	prendre une photo

Eu posso tirar uma foto sua?
é^{o} poss^{ou} tirar õuma fòt^{ou} ssoua
je peux prendre une photo sienne/tienne/vôtre
Est-ce que je peux te/vous prendre en photo ?

Eu gostaria de revelar esse filme.
é^{o} gosstari^{a} dji révélar éss^{i} fioum^{i}
je aimerais de révéler ce film
Je voudrais développer cette pellicule.

Onde eu posso comprar um filme fotográfico?
õndji é^{o} poss^{ou} kõmprar õum fioum^{i} fòtografik^{ou}
où je peux acheter un film photographique
Où peut-on acheter des pellicules ?

Onde tem um fotógrafo?
õndji tẽn õum fòtograf^{ou}
où il-y-a un photographe
Où y a-t-il un photographe ?

Se você quiser, eu posso te mandar a foto.
ssi vossé kizér é^{o} poss^{ou} tch^{i} mãndar a fòt^{ou}
si tu voulais, je peux te envoyer la photo
Si tu veux, je t'enverrai la photo.

CULTURE LOCALE

Les Brésiliens aiment faire la fête, sortir pour boire un verre, danser et écouter de la musique. Dans les grandes villes, ils fréquentent les discothèques, et dans les villes plus petites, ils vont au **barzinho**, qui est la seule possibilité pour sortir.
Évidemment, les discothèques attirent un public jeune qui aime plutôt la musique électronique. Pour les moins jeunes et pour ceux qui aspirent à plus de calme, les **barzinhos** sont une excellente alternative !

Dans un barzinho

Le **barzinho** est une sorte de bar très convivial. Généralement, l'entrée n'est pas payante (sauf s'il y a un concert). On y rencontre des gens de tous les âges. On aime y aller pour bavarder un peu et pour grignoter.
Certains **barzinhos** proposent de la musique ambiante ou un concert, d'autres servent des petits plats rapides et d'autres proposent une cuisine plus sophistiquée.

o bar	*ou bar*	le bar
a danceteria	*a dãnsséteri[a]*	la discothèque
música ao vivo	*mouzika a[ou] viv[ou]*	concert de musique, musique "live"
barzinho	*barzign[ou]*	petit bar

Onde tem um bar que toca música ao vivo aqui perto?
õndji tẽn õum bar ki toka mouzika a[ou] viv[ou] aki pért[ou]
où il-y-a un bar qui touche musique à-le vif ici près
Où est-ce qu'il y a un bar qui propose de la musique "live" près d'ici ?

Tem uma danceteria na cidade?
tẽn õuma dãnsséteri[a] na ssidadji
il-y-a une discothèque dans-la ville
Est-ce qu'il y a une discothèque en ville ?

La musique et la danse

Le Brésil est un pays musical. Les rythmes sont si nombreux qu'il est presque impossible d'en faire le tour.

À chaque type de musique correspond en principe une danse et les Brésiliens seront toujours ravis d'esquisser quelques pas pour et avec vous. N'hésitez pas à vous lancer !

La **Samba** et la **Bossa Nova** restent les plus connues et les plus représentatives de la culture musicale brésilienne, mais il existe une grande diversité de musiques régionales, qui montrent bien les cultures locales.

Voici une courte liste des principaux genres et de leurs interprètes parmi les plus connus :

Genres	Interprètes
• **o samba** *ou ssãnba* la samba (m.)	**Martinho da Vila** *martignou da vila* **Bezerra da Silva** *bézéRa da ssiouva*
• **a bossa nova** *a bossa nova* la bossa nova	**Tom Jobim** *tõn jobĩn*
• **o forró** *ou forrò* musique typique du Nordeste qui ressemble à la lambada	**Luiz Gonzaga** *louïss gõnzaga*
• **o maracatú** *ou marakatou* musique typique de la campagne du Nordeste qui intègre le rock	**Chico Science** *chikou ssaïénssi*

• **a sertaneja**
a ssértanéja
musique typique de la campagne du centre du pays qui ressemble au country américain

Xirtãozinho e Xororó
chirtãonzignou i chororò

• **o axé**
ou achè
musique typique de l'État de Bahia assez dynamique

Daniela Mercure
dæniѐla mèrkouri

Quem é que canta essa música?
kẽn è ki kãnta èssa mouzika
qui est que chante cette musique
Qui est-ce qui chante cette chanson ?

Que música é essa?
ki mouzika è èssa
quelle musique est celle-là
C'est quoi comme musique ?

Onde eu posso encontrar o CD de...?
õndji éo pòssou ẽnkõntrar ou ssé-dé dji
où je peux trouver le CD de
Où peut-on trouver des CD de... ?

Como se chama essa dança?
komou ssi chæma èssa dãnssa
Comment s'appelle cette danse ?

Eu não sei dançar!
éo nãon sséi dãnssar
je ne sais danser
Je ne sais pas danser !

EU NÃO SEI DANÇAR!

(Je ne sais pas danser !)

Eu gostaria de aprender a dançar.
é^{o} gosstaria dji aprēndér a dãnssar
je goûterais de apprendre à danser
Je voudrais apprendre à danser.

Você me ensina a dançar?
vossé m^{i} ēnssina a dãnssar
tu m'apprends/vous m'apprenez à danser
Tu peux m'apprendre à danser ?

Não tem problema, eu te ensino!
nã^{on} tēn probléma é^{o} tchi ēnssin^{ou}
ne il-y-a problème, je te apprends
Aucun problème, je vais t'apprendre !

Você quer dançar comigo?
vossé kér dãnssar komig^{ou}
tu veux danser avec-moi
Tu veux danser avec moi ?

Claro! Com maior prazer!
klar^{ou}! kõn maïòr prazér
clair ! avec plus-grand plaisir
D'accord ! Avec grand plaisir !

Les musées

On ne trouve des musées que dans les grandes villes ou dans les villes historiques. Ils sont généralement peu fréquentés – vous n'aurez donc pas de problèmes d'attente dans des queues interminables. Pour savoir quelles sont les expositions intéressantes du moment, renseignez-vous auprès de la mairie ou de l'office du tourisme. Pour les grandes expositions, vous trouverez des guides parlant anglais. Pour le français, ce sera moins facile. La plupart des musées proposent des tarifs réduits pour les étudiants, et les journalistes qui présentent leur carte entrent gratuitement.

Tem um museu na cidade?
tẽn õum mouzé[o] na ssidadji
Est-ce qu'il y a un musée dans cette ville ?

Onde eu posso me informar sobre a cultura local?
õndji é[o] poss[ou] m[i] ĩnformar sobr[i] a koultoura loka[o]
où je peux me informer sur la culture locale
Où trouve-t-on des renseignements sur la culture locale ?

Qual é o assunto dessa exposição?
k[ou]a[o] è ou assõunt[ou] déssa ésspozissã[on]
Quel est le sujet de cette exposition ?

Eu gostaria de um/dois/três bilhetes por favor.
é[o] gosstari[a] dji õum/doïss/tréïss bilétch[i]ss por favor
je goûterais de un/deux/trois billets par faveur
Je voudrais un/deux/trois billets, s'il vous plaît.

Tem desconto para estudante?
tẽn disskõnt[ou] para ésstoudãntch[i]
il-y-a réduction pour étudiant
Y a-t-il des réductions pour les étudiants ?

Tem o catálogo da exposição?
tẽn õum katalog^ou da ésspozissã^on
Y a-t-il un catalogue de l'exposition ?

o museu	*ou mouzé^o*	le musée
a exposição	*a éksspozissã^on*	l'exposition
o horário de abertura	*ou orari^ou dji abértoura*	l'horaire d'ouverture
o quadro	*ou k^ouadr^ou*	le tableau
o pintor	*ou pĩntor*	le peintre
a pintura	*a pĩntoura*	la peinture
a escultura	*a ésskou^outoura*	la sculpture

L'AMOUR, L'AMOUR...

Au Brésil, on se fait facilement des amis et on tombe souvent amoureux. Le terme **amigo** *amig^ou*, *ami*, a un sens très large et peut s'employer pour de vagues connaissances. En revanche, **namorado/namorada** *namorad^ou/namorada* (littéralement "amoureux/amoureuse") n'est utilisé que dans le cas d'une relation stable.
Pour les jeunes, les relations amoureuses vont avec le goût de la fête. Par conséquent, sortir avec quelqu'un juste le temps d'une soirée est tout à fait naturel. Cette pratique s'appelle **ficar** (littéralement "rester") et répond au désir simple et immédiat de passer un petit moment agréable avec une personne que l'on trouve à son goût.
Par ailleurs, les Brésiliens peuvent être très expressifs en parlant. Toucher son interlocuteur fait partie du langage et personne ne se sent gêné par ce contact physique.

Des mots pour le dire

Eu gosto de você.
é^o gosst^ou dji vossé
je goûte de toi
Tu me plais.

Você é muito lindo/linda.
vossé è mouït^{ou} līnd^{ou}/līnda
Tu es très beau/belle.

Você é simpático/simpática.
vossé è sīnpatik^{ou}/sīnpatika
Tu es sympathique.

Eu não tenho namorado/namorada.
é^{o} nã^{on} tégn^{ou} næmorad^{ou}/næmorada
Je n'ai pas de petit/e ami/e.

Estou apaixonado/apaixonada.
éssto^{ou} apaïchonad^{ou}/apaïchonada
Je suis amoureux/amoureuse.

Eu te amo.
é^{o} tch^{i} am^{ou}
Je t'aime.

Eu quero namorar com você.
é^{o} kér^{ou} næmorar kõn vossé
je veux tomber-en-amour avec toi
Je veux sortir avec toi.

Você tem camisinha?
vossé tẽn kamizigna
tu as petite-chemise
Est-ce que tu as des capotes ?

Eu sou casado/casada.
é^{o} ssou kazad^{ou}/kazada
Je suis marié/e.

Inviter quelqu'un à danser, à dîner ou à aller au cinéma peut être une bonne façon d'entrer en matière…

Você quer ir jantar comigo?
vossé kér jãntar komig^ou
Est-ce que tu veux dîner avec moi ?

Vamos ao cinema hoje à noite?
væm^ouss a^ou ssinéma oj^i a no^itch^i
On va au cinéma ce soir ?

Você quer dançar comigo?
vossé kér dãnssar komig^ou
Est-ce que tu veux danser avec moi ?

Les homosexuels, femmes ou hommes, ont la vie dure dans les petits villages. Ce n'est heureusement pas le cas dans les grandes villes comme São Paulo, Rio de Janeiro, Salvador, où les communautés ont pu s'organiser et où il existe différentes associations, bars, boîtes de nuit, etc., généralement regroupés dans un même quartier.

On appelle les hommes **gay** *gué^ï* ou **homossexual** *omossés-soua^o*. Et les femmes **lésbica** *léssbika*.

Dans le langage courant, le préservatif est appelé **camisinha** ou **preservativo** et on peut en acheter dans les pharmacies et les supermarchés ; les distributeurs n'existent pas encore.

abraçar	*abrassar*	tenir dans les bras
amar	*æmar*	aimer
o amigo/a amiga	*ou æmig^ou/a æmiga*	l'ami/l'amie
o amor	*ou amor*	l'amour
beijar	*béïjar*	embrasser
casar	*kazar*	se marier
a despedida	*a désspédida*	l'adieu
o encontro	*ou ẽnkõntr^ou*	le rendez-vous/ la rencontre
ficar	*fikar*	sortir

gostar	*gosstar*	plaire
o marido/a mulher	*ou marid^{ou}/a moulièr*	le mari/la femme
o namorado/	*ou næmorad^{ou} /*	le petit ami
a namorada	*a næmorada*	la petite amie
o noivo/a noiva	*ou no^{i}v^{ou}/a no^{i}va*	le fiancé/la fiancée
paquerar	*pakérar*	draguer
sair	*ssaïr*	sortir
transar	*trãnzar*	faire l'amour
xavecar	*chavékar*	draguer

BOIRE ET MANGER

La cuisine brésilienne résulte du mélange de toutes les cultures qui constituent la nation brésilienne. Les Brésiliens aiment manger, et un repas en famille peut durer des heures. Être autour de la table est une façon agréable de partager les expériences et consolider les liens. Dans la cuisine de chacune des régions du pays, on trouve différentes influences. Quoi qu'il en soit, c'est le savoureux et nutritif "haricots et riz", souvent accompagné de farine de manioc, qui peut être considéré comme le plat national.

Bom apetite!	*bõn apétchitch^{i}*	Bon appétit !
Saúde!	*ssaoudji*	Santé !

Les repas et l'alimentation

Un petit-déjeuner brésilien se compose généralement tout simplement de café au lait et de pain tartiné de beurre. Au déjeuner et au dîner, on mange un plat unique et une salade. Le dessert ne fait pas systématiquement partie du repas.
Si un jour vous vous réveillez trop tard pour le petit-déjeuner, rendez-vous dans une boulangerie. On vous y servira du café, du lait, du jus de fruits, du pain, bref, tous les éléments d'un bon petit-déjeuner, et ce quelle que soit l'heure de la journée.

Les desserts brésiliens sont très sucrés ; certains se mangent avec du fromage frais. Les mélanges sucré-salé sont d'ailleurs fréquents dans l'alimentation brésilienne, n'ayez pas peur de goûter !

Dans le Nord du pays, on trouve de délicieux plats d'origine indienne (du Brésil). La cuisine bahianaise est à l'image de son héritage africain : remplie d'odeurs, d'épices et de couleurs vives. Dans le Sud-Est, ce sont les influences portugaises et italiennes qui prédominent, alors que dans le Sud on se délecte du célèbre **churrasco**, la grillade des gauchos, à côté de plats d'origine européenne…

o restaurante	*ou réssta^{ou}rãntch^{i}*	le restaurant
a lanchonete (f.)	*a lãnchonètch^{i}*	le café
o bar	*ou bar*	le bar
a padaria	*a padari^{a}*	la boulangerie
a quitanda	*a kitãnda*	l'épicerie

o cardápio (m.)	*ou kardapi^{ou}*	la carte/le menu
o garçon	*ou garssõn*	le serveur
a conta	*a kõnta*	l'addition
comer	*komér*	manger
pagar	*pagar*	payer

o prato (m.)	*ou prat^{ou}*	l'assiette
os talheres	*ouss talièr^{i}ss*	les couverts
a colher	*a kolièr*	la cuillère
a faca (f.)	*a faka*	le couteau
o garfo (m.)	*ou garf^{ou}*	la fourchette

a refeição (f.)	*a réféissã^{on}*	le repas
a comida (f.)	*a komida*	la nourriture/le plat
o café da manhã	*ou kafè da magnã*	le petit-déjeuner
o almoço	*ou aoumoss^{ou}*	le déjeuner
a janta/o jantar	*a jãnta/ou jãntar*	le dîner

a sobremesa (f.)	*a ssobréméza*	le dessert
a sopa	*a ssopa*	la soupe
o lanche	*ou lãnch^{i}*	le repas léger, l'en-cas

cozido	*kozid^{ou}*	cuit
frito	*frit^{ou}*	frit, rôti
mal passado	*ma^{o} passad^{ou}*	saignant
bem passado	*bẽn passad^{ou}*	bien cuit
no ponto	*n^{ou} põnt^{ou}*	à point

quente	*kẽntch^{i}*	chaud
moron	*morn^{ou}*	tiède
frio	*fri^{ou}*	froid
amargo	*æmarg^{ou}*	amer
azedo	*azéd^{ou}*	aigre, acide
doce	*doss^{i}*	sucré
salgado	*ssaougad^{ou}*	salé

• Les produits de base

o açúcar	*ou assoukar*	le sucre
o bolo	*ou bol^{ou}*	le gâteau
o café	*ou kafè*	le café
o chá	*ou cha*	le thé
a geléia	*a gélèi^{a}*	la confiture
o leite	*ou léïtch^{i}*	le lait
a maionese	*a maïonèz^{i}*	la mayonnaise
a manteiga (f.)	*a mãntéïga*	le beurre
o mel	*ou mè^{o}*	le miel
o molho (m.)	*ou moli^{ou}*	la sauce
a mostarda	*a mosstarda*	la moutarde
o óleo (m.)	*ou òlé^{ou}*	l'huile
o pão	*ou pã^{on}*	le pain
a pimenta (f.)	*a pimẽnta*	le poivre
o sal	*ou ssa^{o}*	le sel
o vinagre	*ou vinagr^{i}*	le vinaigre

• **Les fruits**

La variété de fruits exotiques est énorme. Bien qu'il soit impossible de tous les citer ici, nous vous recommandons de goûter à tous ceux qui se trouveront sur votre chemin !

a fruta	*a frouta*	le fruit
o abacate	*ou abakatch[i]*	l'avocat
o abacaxi	*ou abakachi*	l'ananas
a ameixa	*améïcha*	la prune
a banana	*a banæna*	la banane
o cajú (m.)	*ou kajou*	la pomme de cajou
o caqui	*ou kaki*	le kaki
o côco	*ou kok[ou]*	la noix de coco
o figo	*ou fig[ou]*	la figue
a fruta-do-conde	*a frouta d[ou] kõndji*	l'anone
a goiaba	*a go[ï]aba*	la goyave
a jaboticaba	*a jabotikaba*	petit fruit noir et sucré qui se mange comme du raisin
a jaca	*a jaka*	le jaque
a laranja	*a larãnja*	l'orange
o limão	*ou limã[on]*	le citron
a maçã	*a massã*	la pomme
o mamão (m.)	*ou mamã[on]*	la papaye
a manga	*a mãnga*	la mangue
o maracujá	*ou marakouja*	le fruit de la passion
a melancia	*a melãnssia*	la pastèque
o melão	*ou mélã[on]*	le melon
a mexerica	*a méchérika*	la clémentine
a pêra	*a péra*	la poire
o pêssego (m.)	*ou pésség[ou]*	la pêche
as uvas (f.)	*ass ouvass*	les raisins

• **Légumes, verdures et accompagnements**

o agrião	*ou agriã[on]*	le cresson
o alface (m.)	*ou aoufass[i]*	la laitue

o arroz	*ou aRoïss*	le riz
a batata	*a batata*	la pomme de terre
batata cozida	*batata kozida*	pomme de terre cuite à l'eau
o purê (m.) **de batata**	*ou pouré dji batata*	la purée de pommes de terre
batatas fritas	*batata frita*	pommes frites
a cebola (f.)	*a ssébola*	l'oignon
a cenoura	*a sséno*ou*ra*	la carotte
a couve-flor (f.)	*a ko*ou*v*i*-flor*	le chou-fleur
as ervilhas (f.)	*ass érviliass*	les petits-pois
o espinafre	*ou ésspinafr*i	l'épinard
a farinha	*a farigna*	la farine
a farofa	*faròfa*	farine de manioc grillé
o macarrão	*ou makaRã*on	les pâtes (toujours sing.)
a mandioca (f.)	*a mãndioka*	le manioc
o palmito	*ou paoumit*ou	le cœur de palmier
o pepino	*ou pépin*ou	le concombre
o pimentão	*ou pimẽntã*on	le poivron
o repolho	*ou répoli*ou	le chou
a salada	*a ssalada*	la salade
o tomate (m.)	*ou tomatch*i	la tomate
o trigo	*ou trig*ou	le blé
a verdura	*a verdoura*	la salade

• Les viandes et les poissons

La viande rouge, au Brésil, est de bonne qualité. Et comme elle n'est pas chère, les Brésiliens en mangent beaucoup. Dans les régions Nord et Nordeste, évitez de manger la viande saignante : comme la conservation peut être plus précaire, plus la viande est cuite, plus vous serez sûr de ne pas ingérer de bactéries…

o peixe	*ou péïch*i	le poisson
o arenque	*ou arẽnk*i	le hareng

o camarão (m.)	*ou kæmarã*^{on}	la crevette
a carpa	*a karpa*	la carpe
os frutos do mar	*ouss frout*^{ou}*ss d*^{ou} *mar*	les fruits de mer
a lagosta	*a lagossta*	la langouste
o linguado (m.)	*ou lĩng*^{ou}*ad*^{ou}	la limande, la sole
a lula	*a loula*	la seiche
os mexilhões (m.)	*ouss méchiliõi*^{ng}*ss*	les moules
as ostras	*ass osstrass*	les huîtres
o siri/o caranguejo	*ou ssiri/ou karãnguéij*^{ou}	le crabe
a truta	*a trouta*	la truite

a carne	*a karn*^{i}	la viande
a calabresa	*a kalabréza*	sorte de saucisse italienne
a carne de porco	*a karn*^{i} *dji pork*^{ou}	la viande de porc
a carne de boi	*a karn*^{i} *dji bo*^{ï}	la viande de bœuf
a costela	*a kosstèla*	la côte
a dobradinha	*a dobradigna*	les tripes
o fígado	*ou figad*^{ou}	le foie
o filé mignon	*ou filè mignõn*	le filet mignon
o frango	*ou frãng*^{ou}	le poulet
a lingüiça	*a lĩngouïssa*	la saucisse
o pato	*ou pat*^{ou}	le canard
o perú (m.)	*ou pérou*	la dinde
a carne moída	*a pikægna*	la viande de bœuf hachée
a salsicha	*a ssaoussicha*	la petite saucisse
a vitela (f.)	*a vitèla*	le veau

Quanto custa um kilo de...?
k^{ou}*ãnt*^{ou} *koussta õum kil*^{ou} *dji*
Combien coûte un kilo de... ?

Eu gostaria de um kilo de...
é^{o} *gosstaria dji õum kil*^{ou} *dji*
Je voudrais un kilo de...

Como eu faço para saber se essa fruta está madura?
kom^{ou} é^{o} fass^{ou} para ssabér ssi èssa frouta ésstà madoura
comment je fais pour savoir si ce fruit (f.) est mûr
Comment fait-on pour savoir si ce fruit est mûr ?

Quelques plats typiques

- **o feijão com arroz**
  ou féïjã^{on} kõn aRoïss

Plat de haricots rouges ou noirs avec du riz, base de la nourriture brésilienne. Vous en mangerez presque partout. Quand les haricots sont bien assaisonnés (avec un peu de piment), c'est un plat tout à fait délicieux qui se passe d'autre accompagnement !

- **a feijoada**
  a féïjoada

Plat créé par les esclaves, composé de haricots noirs et de plusieurs sortes de viandes. C'est un plat très savoureux et épicé, mais aussi assez lourd ! On le mange toujours accompagné de **farinha**, sorte de semoule que l'on saupoudre sur le plat, et de riz. Ce plat rappelle en quelque sorte le cassoulet français.

COMO EU FAÇO PARA SABER
SE ESSA FRUTA ESTÁ MADURA?
(Comment fait-on pour savoir si ce fruit est mûr ?)

- **o tutú de feijão**

toutou dji féïjã^on

Purée de haricots rouges accompagnée de riz et de chou vert. Ce plat se mange souvent avec de la viande de porc, il est typique de l'État de Minas Gerais.

- **a carne seca**

a karn^i sséka

Ce plat typique du Nordeste et du Nord est préparé avec de la viande de bœuf salée et boucanée. C'était la façon des pauvres de conserver la viande. Le goût de la viande devient très fort et savoureux !

- **o vatapá**

ou vatapa

Typiquement bahianais, ce plat est un mélange de farine de manioc, de crevettes et de noix de cajou, cuits dans du lait de coco et savoureusement épicés. Parfois piquant, il s'accompagne presque toujours d'**acarajé** un petit gâteau à base d'haricots. Ne soyez pas étonné si toutes les rues de Bahia sentent les épices !

- **a muqueca**

a moukèka

Également de Bahia et influencé par la cuisine africaine, ce plat est un genre de pot-au-feu de poissons ou de fruits de mer cuits avec des tomates, des oignons, des poivrons, du lait de coco et de l'huile de palme (**dendê** en brésilien). Ce même plat se retrouve aussi dans le Sud-Est brésilien, en version "light" : sans lait de coco ni **dendê**.

Sachez qu'à Bahia, lorsqu'on vous demande si vous voulez votre plat **quente** (littéralement "chaud"), on vous demande si vous le voulez pimenté…

• Les en-cas

o sanduíche	*ou ssãndouïch*^{i}	le sandwich
o misto quente	*ou misst*^{ou} *kẽntch*^{i}	sandwich chaud jambon-fromage
o americano	*ou æmérikæn*^{ou}	"l'américain" (jambon, fromage et œuf)
o pastel	*ou passté*^{o}	petit chausson salé et frit
~ de carne	*dji karn*^{i}	~ à la viande
~ de queijo	*dji kéïj*^{ou}	~ au fromage
~ de palmito	*dji paoumit*^{ou}	~ aux cœurs de palmier
a coxinha	*a kochigna*	croquette de farine au poulet
a empadinha (f.)	*a ẽnpadigna*	petit chausson salé

• Les douceurs

os doces (m.)	*ouss doss*^{i}*ss*	les conserves de fruits
a cocada	*a kokada*	préparation à base de sucre et noix de coco
a goiabada	*a goïabada*	pâte de goyave
o pé-de-moleque	*ou pè dji molék*^{i}	préparation à base de cacahuètes, genre nougatine
o doce de leite	*ou doss*^{i} *dji léïtch*^{i}	pâte à base de sucre et de lait cuit
o pudim	*ou poudjĩn*	sorte de flan de lait concentré sucré
o quindim	*ou kĩndjĩn*	flan de noix de coco et jaunes d'œufs

Les boissons

beber	*bébér*	boire
bêbado	*bébad*^{ou}	ivre
o gelo	*ou gél*^{ou}	le glaçon
a ressaca	*a réssaka*	la gueule de bois

o copo	*ou kop^ou*	le verre
a garrafa	*a gaRafa*	la carafe/la bouteille
a xícara	*a chikara*	la tasse

água mineral	*ag^oua minéra^o*	eau minérale
água potável	*ag^oua potavé^o*	eau potable
água tônica	*ag^oua tonika*	eau gazeuse
o aperitivo	*ou apéritiv^ou*	l'apéritif
batida de...	*batida dji*	mélange d'eau-de-vie et de jus de fruits
a cachaça/a pinga	*a kachassa/ a pĩnga*	eau-de-vie de canne à sucre
a caipirinha	*a kaïpirigna*	cachaça, citron et glaçons
a caipirosca	*a kaïpirosska*	vodka, citron et glaçons
o caldo de cana	*ou kaoud^ou dji kæna*	le jus de canne à sucre
a cerveja	*a sservéja*	la bière
o chá	*ou chà*	le thé
o chimarrão	*ou chimaRã^on*	infusion à base de maté
o café	*ou kafè*	le café
cafézinho	*kafèzign^ou*	l'express
o café com leite	*ou kafè kõn léïtch^i*	le café au lait
o chocolate	*ou chokolatch^i*	le chocolat/le cacao
o guaraná	*ou g^ouarana*	boisson gazeuse au jus de guarana
o refrigerante	*ou réfrigérãntch^i*	le soda
o sorvete	*ou sorvètch^i*	la glace/le sorbet
o suco de laranja	*ou ssouk^ou dji larãnja*	le jus d'orange
o vinho tinto/ branco	*ou vign^ou tĩnt^ou/ brãnk^ou*	le vin rouge/blanc

Eu gostaria de beber um/a...
é^o gosstaria dji bébér õum/a
je aimerais de boire un/e
Je voudrais boire un/e...

La majorité des Brésiliens boivent le café, les jus de fruits et autres boissons très sucrés. Pour cette raison, précisez :

com pouco açúcar / sem açúcar
kõn po^{ou}k^{ou} assoukar / ssẽn assoukar
avec peu de sucre / sans sucre

Tem adoçante, por favor?
tẽn adossãntch^{i} por favor
Est-ce que vous avez de l'édulcorant, s'il vous plaît ?

Au restaurant

Si vous voulez manger pas cher, essayez les petits restaurants self-service : ils proposent généralement une belle variété de plats et la nourriture se paye au poids.

Dans les restaurants qui servent un menu, les portions sont souvent généreuses. Si vous n'êtes pas un Gargantua, demandez si le plat est assez copieux pour deux personnes.
Généralement, les Brésiliens donnent le nom d'*entrée* (**entrada**) aux tranches de pain accompagnées de beurre et d'olives que le serveur apporte au moment où on s'installe, histoire de patienter… Le repas lui-même est rarement accompagné de pain.
Dans tous les restaurants, la taxe de service est déjà comprise dans l'addition, vous n'êtes donc pas obligé de laisser un pourboire. Mais si vous estimez que votre serveur en mérite un, donnez-le-lui directement.
Pour accompagner le repas, les Brésiliens préfèrent plutôt la bière au vin. Par ailleurs, l'eau n'est jamais offerte, il faut l'acheter.

Au Brésil, il existe une loi qui interdit de fumer dans les espaces publics. Les restaurants ont toujours un espace réservé aux fumeurs et un autre aux non-fumeurs. Renseignez-vous !

Dans les restaurants appelés **rodízio**, on propose soit de la viande, soit de la pizza à volonté pour un prix forfaitaire très avantageux.

Você pode me trazer o cardápio por favor?
vossé podji m' trazér ou kardàpi^ou por favor
vous pouvez me apporter le menu par faveur
Est-ce que vous pouvez m'apporter la carte s'il vous plaît ?

O prato dá para duas pessoas?
ou prat^ou da para douass péssoass
le plat donne pour deux personnes
Est-ce que le plat est suffisant pour deux personnes ?

Eu quero a carne bem passada.
é^o kér^ou a karn^i bẽn passada
je veux la viande bien passée
Je veux la viande bien cuite.

O que você aconselha para a gente?
ou ki vossé akõnssélia para a gẽntch^i
le que vous conseillez pour la gent
Qu'est-ce que vous nous conseillez ?

A conta, por favor.
a kõnta por favor
L'addition, s'il vous plaît.

A conta está errada.
a kõnta éssta éRada
la addition est erronée
Il y a une erreur dans l'addition.

Vocês aceitam cartão de crédito?
vossé^iss asséïtãn kartã^on dji krédit^ou
vous acceptez carton de crédit
Acceptez-vous les cartes de crédit ?

A comida estava muito boa.
a komida ésstava mouït^ou boa
la nourriture était très bonne
Le repas était très bon.

Eu sou vegetariano, tem algum prato sem carne?
é^o so^ou végétariæn^ou tẽn aougõum prat^ou sẽn karn^i
je suis végétarien, il-y-a quelque plat sans viande
Je suis végétarien, est-ce que vous avez un plat sans viande ?

Vai demorar muito para chegar a comida?
va^ï démorar mouït^ou para chégar a komida
va durer beaucoup pour arriver la nourriture
Est-ce qu'il faut attendre beaucoup pour que le repas arrive ?

Eu posso fumar aqui?
é^o poss^ou foumar aki
Est-ce que je peux fumer ici ?

Você pode me trazer um cinzeiro?
vossé podji m^i trazér õum ssĩnzéïr^ou
vous pouvez me apporter un cendrier
Pourriez-vous m'apporter un cendrier ?

LES ACHATS

Au Brésil, dans les grandes villes, on marchande rarement. En revanche, dans les petites villes et les centres touristiques, marchander est presque impératif pour les touristes ! En effet, le prix de départ qui vous sera demandé pour un objet d'artisanat sera parfois cinq fois plus élevé que le prix habituel.
Dans les grandes villes vous trouverez sans difficulté les produits d'artisanat fabriqués dans les différentes régions du pays,

mais les prix sont élevés. Quand on peut, il vaut mieux acheter dans les petits villages.
Le Nordeste est très connu par sa dentelle et ses instruments de musique destinés à la capoeira par exemple. Le Sud du pays est réputé pour le cuir, très bon marché. Le Sud-Est est une région importante de production de pierres précieuses. Et dans le Nord, les Indiens fabriquent de très jolis bijoux fabriqués avec des graines.
N'achetez pas de peaux d'animaux et évitez les objets faits avec du bois en voie d'extinction. Renseignez-vous avant d'acheter. La nature n'est pas forcément immortelle.

Dans les grandes villes, les magasins des centres commerciaux sont ouverts du lundi au samedi de 10 h à 22 h sans interruption, et de nombreux supermarchés sont ouverts 24 h sur 24. Dans les villes plus petites, les commerces restent ouverts du lundi au vendredi de 10 h à 18 h et le samedi de 10 h à 13 h. Généralement il s'agit plutôt d'échoppes concentrées en centre-ville. La rue peut alors devenir un grand marché coloré et mouvementé, très agréable pour la promenade.

aberto	*abért[ou]*	ouvert
fechado	*féchad[ou]*	fermé
a loja	*a loja*	le magasin
o vendedor	*ou vẽndédor*	le vendeur
o comércio	*ou komérssi[ou]*	le commerce
o preço	*ou préss[ou]*	le prix
o desconto (m.)	*ou désskõnt[ou]*	la remise/la réduction
barato	*barat[ou]*	bon marché
caro	*kar[ou]*	cher
negociar	*négossiar*	négocier
comprar	*kõnprar*	acheter
levar	*lévar*	emporter
embrulhar	*ẽnbrouliar*	emballer

a qualidade	*a kᵒᵘalidadji*	la qualité
a cor	*a kor*	la couleur
o tamanho (m.)	*ou tamagnᵒᵘ*	la taille

o artesanato	*ou artézanatᵒᵘ*	l'artisanat
a pedra preciosa	*a pédra préssioza*	la pierre précieuse
a renda	*a rẽnda*	la dentelle
a bolsa (f.) **de couro**	*a booussa dji koᵒᵘrᵒᵘ*	le sac en cuir
o quadro	*ou kᵒᵘadrᵒᵘ*	le tableau
o livro	*ou livrᵒᵘ*	le livre
o instrumento musical	*ou ĩnsstroumẽntᵒᵘ mouzikaᵒ*	l'instrument de musique
a madeira em extinção	*a madéïra ẽn esstĩnssãᵒⁿ*	le bois en voie de disparition
a rede	*a rédji*	le hamac
o berimbau	*ou bérĩnbaᵒ*	instrument de musique pour la capoeira

a jóia	*a jòⁱᵃ*	le bijou
a prata	*a prata*	l'argent
o ouro	*ou oᵒᵘrᵒᵘ*	l'or
o anel (m.)	*ou aenèᵒ*	la bague
o brinco (m.)	*ou brĩnkᵒᵘ*	la boucle d'oreille
o colar	*ou kolar*	le collier

a calça (f.)	*a kaoussa*	le pantalon
a blusa (f.)	*a blouza*	le blouson
o casaco	*ou kazakᵒᵘ*	le manteau
a camiseta (f.)	*a kæmizéta*	le t-shirt
o shorts	*ou shòrtss*	le short
as meias (f.)	*ass méïass*	les chaussettes

Quanto custa isso?
kᵒᵘãntᵒᵘ koussta issᵒᵘ
combien coûte ceci
Combien ça coûte ?

É muito caro.
è mouïtou karou
C'est très/trop cher.

Você pode fazer um desconto?
vossé podji fazér õum désskõntou
Vous pouvez faire une remise ?

Tem uma sacola?
tẽn õuma ssakola
Avez-vous un sac ?

Não quero comprar nada.
nãon kérou kõnprar nada
ne veux acheter rien
Je ne veux rien acheter.

De que região vem isso?
dji ki régiãon vẽn issou
de quelle région vient ça
De quelle région est-ce que ça vient ?

É MUITO CARO.
(C'est trop cher.)

De que material é feito?
dji ki matériaº è féïtºᵘ
de quel matériel est fait
En quoi est-ce fait ?

LA BANQUE ET L'ARGENT

La monnaie brésilienne est le **real** *réaº*.
Vous n'aurez pas de difficulté à changer vos devises dans la plupart des banques et bureaux de change. Les chèques de voyage ne posent pas de problèmes, mais il faut les échanger dans une banque. La carte de crédit est très utile, car elle est acceptée presque partout.

• Le real est divisé en pièces de 1, 5, 10, 25, 50 centimes et 1 real.

• Il existe des billets de 1, 2, 5, 10, 20, 50, 100 et 500 **reais** *réaïss*.

o banco	*ou bãnkºᵘ*	la banque
a casa de câmbio (f.)	*a kaza dji kãnbiºᵘ*	le bureau de change
o caixa eletrônico	*ou kaïcha élétronikºᵘ*	le distributeur
o valor do câmbio	*ou valor dºᵘ kãnbiºᵘ*	le cours du change
o cheque de viagem	*ou chékⁱ dji viagẽn*	le chèque de voyage
depositar	*dépozitar*	faire un virement
o dinheiro	*ou dignéïrºᵘ*	l'argent
o euro	*ou éourºᵘ*	l'euro
o franco suíço	*ou frãnkºᵘssouissºᵘ*	le franc suisse
o dólar canadense	*ou dòlar kaenadẽnssⁱ*	le dollar canadien
a moeda	*a moèda*	la pièce/la monnaie
a nota	*a nota*	le billet
sacar	*ssakar*	effectuer un retrait
trocar dinheiro	*trokar dignéïrºᵘ*	changer de l'argent

Onde tem um banco / uma casa de câmbio?
õndji tẽn õum bãnkou / õuma kaza dji kãnbiou
Où y a-t-il une banque / un bureau de change ?

Eu quero trocar 100 euros.
éo kérou trokar ssẽn éourouss
Je voudrais changer 100 euros.

Eu quero sacar com meu cartão.
éo kérou ssakar kõn méo kartãon
je veux sortir avec mon carton
Je voudrais effectuer un retrait avec ma carte bancaire.

Você tem trocado?
vossé tẽn trokadou
vous avez monnaie
Avez-vous de la monnaie ?

LA POSTE ET LE TÉLÉPHONE

Pour passer des appels locaux depuis une cabine téléphonique, il faut acheter un **cartão telefônico** *kartãon téléfonikou, une carte de téléphone* de 50 ou 100 unités. À partir des cabines téléphoniques, on peut également appeler en *PCV*, **à cobrar** *a kobrar*. Cependant, avec cette carte vous ne pourrez parler que quelques secondes si vous appelez l'étranger. Dans ce cas, le mieux est d'aller dans les petits magasins privés d'où on peut appeler vers l'étranger en payant à la minute.

Les numéros de téléphone débutant par 7, 8 et 9 correspondent à des téléphones portables. Les cartes téléphoniques s'épuisent très rapidement si vous passez des appels vers ces numéros.

Il n'est pas tout à fait évident de passer des appels vers ou depuis le Brésil. Pour appeler d'une ville à l'autre ou d'un État à un autre, on compose le 0 + code opérateur + code indicatif de la ville + numéro de téléphone. Les codes des opérateurs changent d'une région à l'autre…

orelhão	*ou oréliã[on]*	le téléphone public
telefonar	*téléfonar*	téléphoner
ligação	*a ligassã[on]*	la communication
ocupado	*okoupad[ou]*	occupé
está chamando	*ésstà chamãnd[ou]*	ça sonne
cartão telefônico	*kartã[on] téléfonik[ou]*	la carte téléphonique
lista telefônica	*lissta téléfonika*	l'annuaire téléphonique
código DDD	*kòdig[ou] dédédé*	code indicatif des villes

Eu quero um cartão telefônico de 100 unidades.
é[o] kér[ou] õum kartã[on] téléfonik[ou] dji ssẽn ounidadjiss
je veux un carton téléphonique de cent unités
Je voudrais une carte de téléphone de cent unités.

Alô, eu gostaria de falar com… por favor.
alo é[o] gosstaria dji falar kõn… por favor
allo, je aimerais de parler avec … par faveur
Allo, j'aimerais parler à…, s'il vous plaît.

Que horas eu posso voltar a ligar?
ki orass é[o] pòss[ou] vooutar a ligar
quelles heures je peux retourner à lier
À quelle heure est-ce que je peux rappeler ?

Eu posso deixar um recado?
é[o] pòss[ou] déïchar õum rékad[ou]
Je peux laisser un message ?

Pour envoyer une lettre, rendez-vous à la poste.

a carta	*a karta*	la lettre
o cartão postal	*ou kartã[on] possta[o]*	la carte postale

o selo	*ou ssél*^{ou}	le timbre
o Sedex	*ou ssédekss*	l'exprès
prioritário	*prioritari*^{ou}	service rapide

Eu quero mandar uma carta para...
é^{o} *kér*^{ou} *mãndar õuma karta para*
Je voudrais envoyer une lettre pour…

AU CYBERCAFÉ

Les cybercafés sont de plus en plus répandus au Brésil, surtout dans les grandes villes et les centres touristiques. Généralement, ils ne sont pas chers et disposent d'une bonne connexion. Dans les régions plus reculées, demandez au bureau de poste s'il y a un accès à Internet.

o computador	*kõnpoutador*	l'ordinateur
a conexão	*konékssã*^{on}	la connexion
internet	*ĩntérnétch*^{i}	Internet
a camera	*kæméra*	la webcam
o microfone	*mikrofon*^{i}	le micro
o mouse (m.)	*maouz*^{i}	la souris
o teclado	*téklad*^{ou}	le clavier

o arquivo	*arkiv*^{ou}	le fichier
conectar	*konéktar*	connecter
desligar	*déssligar*	éteindre
ferramentas	*féRamẽntass*	outils
imprimir	*ĩnprimir*	imprimer
ligar	*ligar*	allumer
salvar	*ssaouvar*	enregistrer

Você sabe se tem um cyber-café por aqui?
vossé ssab^{i} *ss*^{i} *tẽn õum ssaïber-kafè por aki*
Est-ce que vous savez s'il y a un cybercafé par ici ?

Quanto custa a hora?
kouãntou koussta a ora
Combien coûte l'heure ?

Eu quero usar meia-hora.
éo kérou ouzar méïa-ora
Je voudrais l'utiliser une demi-heure.

Eu posso imprimir um documento?
éo possou ĩnprimir õum dokoumẽntou
Est-ce que je peux imprimer un fichier ?

LA BUREAUCRATIE

Pour tout ce qui concerne les démarches administratives, renseignez-vous d'abord au consulat ou à l'ambassade de votre pays.
Pour les problèmes de vols, allez au commissariat le plus proche.
Les services publics, au Brésil, sont lents et on attend souvent des heures...

a polícia	*a polissia*	la police
a polícia rodoviária	*a polissia rodoviària*	la police de la route
a delegacia (f.)	*a délégassia*	le commissariat
o delegado	*ou délégadou*	le commissaire
a denúncia/a queixa	*a dénõunssia/a kéïcha*	la plainte
o assalto	*ou assaoutou*	l'assaut, l'attaque
o roubo	*ou roouboou*	le vol
o ladrão	*ou ladrãon*	le voleur
o trombadinha	*ou trõnbadigna*	le petit voleur de rue

o revólver	*ou révoouvér*	le revolver
a faca (f.)	*a faka*	le couteau
o pau	*ou pao*	le bâton
a pedra	*a pédra*	la pierre

os documentos	*ouss dokoumẽntouss*	les papiers
as chaves	*ass chavⁱss*	les clefs
as malas	*ass malass*	les valises
a máquina fotográfica	*a makina fotografika*	l'appareil photo
a mochila	*a mochila*	le sac à dos
a carteira	*a kartéïra*	le portefeuille
o passaporte	*ou passapòrtchⁱ*	le passeport
o dinheiro	*ou dignéïrou*	l'argent
o computador	*ou kõnpoutador*	l'ordinateur
o walkman	*ou ouaoukimèn*	le baladeur

Por favor, preciso de ajuda!
por favor préssizou dji ajouda
par faveur, ai-besoin de aide
Aidez-moi, s'il vous plaît !

Quero dar queixa.
kérou dar kéïcha
veux donner plainte
Je veux porter plainte.

Roubaram minha carteira.
roubarãn migna kartéïra
volèrent mon portefeuille (f.)
Ils ont volé mon portefeuille.

Perdi meu passaporte.
pérdji méo passaportchⁱ
J'ai perdu mon passeport.

Quero uma cópia do boletim de ocorrência.
kérou õuma kòpia dou bolétĩn dji okoRẽnssia
veux une copie du bulletin de occurrence
Je veux une copie du rapport de police.

SANTÉ ET HYGIÈNE

Avant de vous rendre au Brésil, nous vous recommandons de souscrire à une assurance maladie, car la médecine fait partie de l'économie privée, et un séjour à l'hôpital peut revenir très cher.

Pour cette raison, le pharmacien joue souvent le rôle de médecin de quartier. Quand on n'est pas trop malade, on va à la *pharmacie*, **a farmácia** *a farmassi[a]*. Le pharmacien établit le diagnostic et prescrit le traitement qui lui semble adéquat. Sachez que vous pourrez obtenir une grande partie des médicaments sans ordonnance, mais il est malgré tout prudent d'emporter une pharmacie de secours.

Dans les régions pauvres, ne buvez que de l'eau minérale.

Preciso de um médico com urgência.
préssiz[ou] dji õum mèdik[ou] kõn ourgẽnssi[a]
ai-besoin de un médecin avec urgence
J'ai besoin d'un médecin en urgence.

Onde tem um pronto-socorro / uma farmácia?
õndji tẽn õum pront[ou] ssokoR[ou]/ õuma farmassi[a]
où il-y-a un prompt-secours / une pharmacie
Où y a-t-il un service des urgences / une pharmacie ?

Eu estou passando mal.
é[o] ésst[ou] passãnd[ou] ma[o]
je suis passant mal
Je me sens mal.

Eu tenho seguro particular.
é[o] tégn[ou] sségour[ou] partikoular
je ai assurance particulière (m.)
J'ai une assurance privée.

Quanto é a consulta?
kouãntou è a kõnssououta
combien est la consultation
Quel est le prix de la consultation ?

a farmácia/	*a farmàssia/*	la pharmacie
a drogaria	*a drogaria*	
o medico	*ou mèdikou*	le médecin
o hospital	*ou osspitao*	l'hôpital
a doença	*a doẽnssa*	la maladie
o remédio	*ou rémèdiou*	le médicament
os comprimidos	*ouss kõnprimidouss*	les comprimés
urgente	*ourgẽntchi*	urgent
a pressão	*a préssãon*	la tension
vomitar	*vomitar*	vomir
a febre	*a fèbri*	la fièvre
a gripe	*a gripi*	la grippe
a picada	*a pikada*	la piqûre d'insecte
o absorvente/	*ou abssorvẽntchi/*	la serviette
o modess (m.)	*ou modiss*	hygiénique
a pasta de dente (f.)	*a passta dji dẽntchi*	le dentifrice
o sabonete	*ou sabonétchi*	le savon
o shampoo	*ou chãnpouou*	le shampoing

Le corps humain

a barriga (f.)	*a baRiga*	le ventre
a boca	*a boka*	la bouche
o braço	*ou brassou*	le bras
a bunda	*a bõunda*	le fessier
a cabeça	*a kabéssa*	la tête
o coração	*ou korassãon*	le cœur
o dedo	*ou dédou*	le doigt
o dente (m.)	*ou dẽntchi*	la dent
o estômago	*ou ésstomagou*	l'estomac
a mão	*a mãon*	la main

o nariz	*ou nariss*	le nez
os olhos	*ouss òli ouss*	les yeux
a orelha	*a orélia*	l'oreille
o osso	*ou oss ou*	l'os
o pé	*ou pè*	le pied
a perna	*a pèrna*	la jambe
o pulmão	*ou pououmã on*	le poumon
o sangue	*ou ssãngu i*	le sang
os seios	*ouss sséï ouss*	les seins

Les toilettes

homem/mulher	*omẽn/moulièr*	homme/femme
a pia (f.)	*a pi a*	le robinet
fechado	*féchad ou*	fermé
o mictório	*ou mictòri ou*	l'urinoir
o banheiro	*ou bagnéïr ou*	les toilettes / la salle de bains
ocupado/livre	*okoupad ou/livr i*	occupé/libre
o papel higiênico	*ou papè o igiénik ou*	papier-toilette

Onde tem um banheiro?
õndji tẽn õum bagnéïr ou
Où y a-t-il des toilettes ?

Eu tenho que ir ao banheiro.
é o tégn ou ké ir a ou bagnéïr ou
Je dois aller aux toilettes.

O vaso está entupido.
ou vaz ou éssta ẽntoupid ou
Les WC sont bouchés.

Não tem mais papel (higiênico).
nã on tẽn maïss papè o igiénik ou
Il n'y a plus de papier(-toilette).

QUELQUES EXPRESSIONS IDIOMATIQUES

Il vous arrivera certainement d'entendre les expressions suivantes, qui sont extrêmement courantes. Autant comprendre ce qu'elles signifient…

• **dar um jeitinho**
dar õum jéïtign^{ou}
trouver un moyen, rendre possible

Le mot **jeitinho** a un sens tout particulier. Il signifie "rendre possible" quelque chose qui, à première vue, ne l'est pas. Par exemple, trouver une place dans un hôtel qui est complet. Avec un **jeitinho**, on pourra aussi trouver à manger dans un restaurant dont la cuisine est déjà fermée, etc.

O senhor pode dar um jeitinho de arrumar um lugar?
ou ségnor podji dar õum jéïtign^{ou} *dji aRoumar õum lougar*
Est-ce que vous auriez un moyen pour trouver une place ?

• **quebrar o galho**
kébrar ou gali^{ou}
se débrouiller (littéralement "casser la branche")

O senhor pode quebrar o galho e me fazer um desconto?
ou ségnor podji kébrar ou gali^{ou} *i m*^{i} *fazér õum désskõnt*^{ou}
Est-ce que vous pouvez vous débrouiller pour me faire une réduction ?

• **estar por fora**
ésstar por fora
ne pas être au courant (littéralement "être pour dehors")

Eu estou por fora desse jogo.
é^{o} *éssto*^{ou} *por fora déss*^{i} *jog*^{ou}
Je ne suis pas au courant de ce jeu.

- **não estar nem aí**

nã^{on}ésstar nẽn aï

n'en avoir rien à cirer

Eu não estou nem aí se você não quer ir.

é^{o} nã^{on} éssto^{ou} nẽn aï s^{i} vossé nã^{on} kér ir

Je n'en ai rien à cirer si tu ne veux pas y aller.

INSULTES ET GROS MOTS

La richesse des insultes et des gros mots brésiliens est presque inépuisable. Pour le seul mot pénis, il existe plus de trente termes différents ! Voici quelques expressions grossières courantes qui ne manqueront sans doute pas d'arriver jusqu'à vos oreilles à un moment donné.

Comme vous le voyez, certaines insultes sont véritablement explosives – ne les employez surtout pas !

Cacete!	*kassétch^{i}*	"Pénis !" (exclamation d'ennui)
Cagada!	*kagada*	"Chiure !"(quand on a commis une erreur)
Canalha!	*kænalia*	Canaille !
Caralho!	*karali^{ou}*	encore un "Pénis !" (quand on est fâché)
Chato!	*chat^{ou}*	C'est chiant !
Droga!	*dròga*	"Drogue !" (quand on a commis une erreur)
Merda!/Bosta!	*mérda/bòssta*	Merde !
Pentelho!	*pẽntéli^{ou}*	"Poil du pubis !"(quand quelqu'un est "chiant")
Porra!	*poRa*	"Sperme !" (quand on est étonné ou fâché)
Puta merda!	*pouta mérda*	inutile de traduire...
Sacana!	*ssakæna*	Enfoiré !

Saco!	ssak^ou	"Scrotum !" (quand on s'ennuie)
Safado 💣	ssafad^ou	utilisé pour insulter un homme qui ne s'intéresse qu'au sexe
Sapatão 💣	ssapatã^on	utilisé pour insulter une femme homosexuelle
Viado/Bicha! 💣	viad^ou/bicha	"Pédé" (utilisé pour insulter quelqu'un qu'on n'aime pas)

Este concerto está muito chato.
ésstch^i kõnssért^ou ésstà mouït^ou chat^ou
Ce concert est très ennuyeux.

Este restaurante é uma droga.
éss^i résstaourãntch^i è õuma dròga
Ce restaurant n'est pas génial.

Esse cara é um pentelho!
éss^i kara è õum pêntéli^ou
Ce type est hyper chiant !

ESTE RESTAURANTE É UMA DROGA.
(Ce restaurant n'est pas génial.)

Attention : **Filho da puta!** *fili^{ou} da pouta, Fils de p… !* est l'une des pires insultes qu'on puisse faire à un Brésilien. Elle peut facilement mener à des violences physiques.

Si vous vous sentez grossièrement importuné et si vous pensez que la politesse ne pourra vous être d'aucun secours, tentez une des exclamations suivantes :

Me deixa em paz!	*m^{i} déïcha ẽn pa^{i}ss*	Fiche-moi la paix !
Cai fora!	*ka^{i} fòra*	Dégage !
Não amola!	*nã^{on} amòla*	Ne m'emmerde pas ! (littéralement "ne m'aiguise pas !")
Idiota!	*idiòta*	Idiot !

AU MOMENT DU DÉPART…

Quitter un pays où on a vécu beaucoup de bons moments n'est pas facile. Au moment de partir, vous aurez peut-être déjà envie de revenir. Voici quelques phrases pour parler de vos impressions sur votre voyage ou vos sentiments envers les gens que vous avez rencontrés :

Vou sentir saudade!
vo^{ou} ssẽntir ssaoudadji
je-vais sentir "mélancolie"
Ça va/Tu vas/Vous allez me manquer !

Estou triste de ter que partir!
éssto^{ou} trisstch^{i} dji tér ki partir
je-suis triste de avoir que partir
Je suis triste de devoir partir !

Voltarei em breve!
vooutaréⁱ ẽn brèvⁱ
je-retournerai en bref
Je reviendrai bientôt !

Não vou esquecer dos momentos vividos no Brasil!
nãᵒⁿ voᵒᵘ ésskéssér dᵒᵘss momẽntᵒᵘss vividᵒᵘss nᵒᵘ braziᵒ
Je ne vais pas oublier les moments vécus au Brésil !

BIBLIOGRAPHIE

Littérature

La littérature est un excellent moyen de faire plus ample connaissance avec un pays, sa culture et ses modes de pensée.
Les écrivains brésiliens de renommée mondiale sont nombreux. Il est bien sûr impossible d'en dresser une liste complète, mais nous vous proposons ici une toute petite sélection.

MACHADO DE ASSIS (Joaquim-Maria), *L'Aliéniste*, traduction française de Maryvonne Lapouge-Pettorelli. Folio bilingue n° 25, Gallimard, Paris, 1992.
Simon Bacamarte, aliéniste de son métier, s'installe dans une paisible bourgade brésilienne pour se livrer à des expériences scientifiques et soigner tous les fous de la ville. Il commence par enfermer et classer les lunatiques, mais ne s'arrête pas là... Son emprise sur la population ne cesse de croître et révolutionne la cité. Alors que gronde la révolte, le docteur Bacamarte décide de libérer tous les fous et d'enfermer les personnes possédant de hautes qualités morales...
Né et mort à Rio de Janeiro, Machado de Assis (1839-1908), auteur prolifique au regard cynique et ironique, est considéré comme un des plus grands écrivains brésiliens.

DRUMMOND DE ANDRADE (Carlos), Poésie, traduction française de Didier Lamaison. Coll. "Du monde entier", Gallimard, Paris, 1990.
Homme de lettres engagé dans la vie publique et sociale, Carlos Drummond de Andrade (1902-1987) est le plus grand poète du Brésil moderniste.

GUIMARÃES ROSA (João), *Premières histoires*, traduction française de Ines Oseki Depré, A.-M. Métaillé, Paris, 1982.
Une énigme, un jeune homme très blanc, un aveugle, un enlèvement, un miracle. L'amour...

D'abord médecin puis diplomate (1908-1967), cet érudit spécialiste en géographie, ésotérisme, botanique, philologie et sémantique est le grand conteur du sertão du Minas Gerais.

RAMOS (Graciliano), *São Bernardo*, traduction française de Geneviève Leibrich. Coll. "Du monde entier", Gallimard, Paris, 1986.
Paulo Honório, le protagoniste de ce roman, entreprend de nous conter les singuliers événements de sa vie depuis le jour où, de simple journalier, il acheta la propriété de São Bernardo, pour tenter de comprendre ses "cinquante années perdues". Sa cruauté, le suicide de sa femme Madalena, sa solitude, prennent forme sous nos yeux, au fil des pages.
Homme public et écrivain reconnu, Graciliano Ramos (1892-1953) passa plusieurs années en prison pour des motifs politiques.

Dictionnaires

Pour trouver un dictionnaire tenant compte des spécificités du portugais du Brésil, le plus simple est sans doute de vous rendre, une fois sur place, dans une librairie bien achalandée et de feuilleter les ouvrages disponibles avant de faire votre choix.

Dicionário francês-português e português-francês de Paulo Rónai. Editora Nova Fronteira, Rio de Janeiro.

Autres ouvrages

SALGADO (Sebastião), *Serra Pelada*, Centre National de la Photographie, Paris.
Né en 1944 dans le Minas Gerais, sixième enfant d'un éleveur de bétail, le photographe brésilien Sebastião Salgado fit d'abord des études en sciences économiques. Lors d'un

voyage en Afrique, en 1973, il comprit qu'il devait devenir photographe. Depuis, ses reportages, dans la tradition de la "photographie concernée", ont fait le tour du monde, magnifiques témoignages de la condition humaine. Ses photos ont donné naissance à de nombreux ouvrages, parmi lesquels *Les Enfants de l'exode*, *La Main de l'homme* et *Serra Pelada*, qui fit connaître au monde entier la condition effroyable des *garimperos*, "hommes termites" travaillant dans une mine d'or de l'État de Para.

Si, une fois arrivé au Brésil, vous avez besoin d'une carte routière, nous vous conseillons :
Guia Brasil. Quatro Rodas, Editora Abril.

Les méthodes
Assimil

Collection Sans Peine

Pour vous permettre d'apprendre les langues avec plaisir et aisance, Assimil applique dans ses méthodes un principe exclusif, très simple mais efficace,

l'assimilation intuitive®

Ce principe reprend (en l'adaptant) le processus naturel grâce auquel chacun d'entre nous a appris sa langue maternelle.
Très progressivement, au moyen de dialogues vivants, de notes simples et d'exercices, Assimil vous mène du b.a.-ba à la conversation courante :
Durant la première partie de votre étude (appelée phase passive), vous vous laissez imprégner par la langue en lisant, écoutant et répétant chaque leçon.
Au bout de 50 leçons, vous entamez la phase active qui vous permet d'appliquer les structures et mécanismes assimilés, tout en continuant à progresser.

En peu de mois, quelle que soit la langue choisie, vous êtes capable de parler sans effort ni hésitation, de manière très naturelle.

Selectour
Les Agences Confiance
Voyager...
Plus de 500 agences en France
Les conseils personnalisés de 2 000 experts pour réaliser tous vos rêves de voyages
nfos-réservations :
892 239 238
(0,34€ TTC / min.)
www.selectour.com

LEXIQUES

Les lexiques que nous vous proposons ici ne sont pas exhaustifs ; nous y avons repris le vocabulaire des différentes rubriques et ajouté d'autres mots dont vous pourriez avoir besoin lors d'un séjour au Brésil. Les traductions vous donnent les acceptions les plus courantes. Lorsque le genre n'est pas le même dans les deux langues, le mot portugais (brésilien) est suivi de l'article.

Abréviations utilisées :

(m.)	masculin	*(f.)*	féminin	*(sing.)*	singulier
(pl.)	pluriel	*(n.)*	nom	*(adj.)*	adjectif
(adv.)	adverbe				

BRÉSILIEN – FRANÇAIS

A

a gente nous, on *(familier)*
abacate avocat (fruit)
abacaxi ananas
abelha abeille
aberto ouvert
abóbora courge
abraçar tenir dans ses bras
abril avril
abrir ouvrir
acampar camper
aceitar accepter
acelerar accélérer
achar trouver
acidente accident
acolher accueillir
acompanhar accompagner
acordar réveiller
açougue *(m.)* boucherie
acrescentar ajouter
açúcar sucre
adolescente adolescent
adotar adopter
aeroporto aéroport
agasalho pull
agência de viagens agence de voyages
agosto août
agradar plaire
agradável agréable
agredir agresser
agricultor agriculteur
agricultura agriculture
água mineral eau minérale
água potável eau potable
água tônica eau gazeuse
agüentar supporter qqch.
ainda encore
ajuda aide
ajudar aider

alameda	allée
alcool	alcool
alergia	allergie
alface *(m.)*	laitue
alfândega	douane
algodão	coton
alimentação	alimentation
alimento	aliment, nourriture
almoçar	déjeuner
almoço	(le) déjeuner
alojamento	hébergement
alto	haut
altura	hauteur
alugar	louer
aluguel *(m.)*	location
aluguel de carro	location de voiture
aluno	élève
amanhã	demain
amar	aimer
amarelo	jaune
Amazônia	Amazonie
ambulância	ambulance
ameixa	prune
amendoim *(m.)*	cacahuète
amigo	ami
amor	amour
andar *(n.)*	étage
andar *(v.)*	marcher
anel *(m.)*	bague
animal	animal
aniversário	anniversaire
ano *(m.)*	année
anteontem	avant-hier
antes	avant, plutôt
antibiótico	antibiotique
anti-inflamatório	anti-inflam-matoire
apartamento	appartement
apelido	surnom
após	après
aprender	apprendre
apressado (estar~)	pressé (être ~)
apressar (se ~)	dépêcher (se ~)
aqui	ici
ar	air
ar condicionado *(m.)*	climatisation
aranha	araignée
arara	ara
areia *(f.)*	sable
arquivo	dossier, fichier informatique
arroz	riz
artasão	artisan
arte *(f.)*	art
artesanato	artisanat
artificial	artificiel
artista	artiste
árvore *(f.)*	arbre
aspirador	aspirateur
aspirina	aspirine
assado	rôti
assalto	assaut
assento	siège
assinar	signer
assinatura	signature
até	jusqu'à
até logo!, até mais!	à bientôt !
ator	acteur
atrás	derrière
atravessar	traverser
aula	classe, cours
autêntico	authentique
autor	auteur
avenida	avenue
avião	avion
avó	grand-mère
avô	grand-père
avós	grands-parents
azul	bleu

B

bactéria	bactérie
bagagem *(f.)*	bagage(s)
baía	baie (mer)
bairro	quartier
baixo	bas

bala	sucrerie
balão	ballon
banana	banane
bananeira *(f.)*	bananier
banca de jornal *(f.)*	kiosque à journaux
banco *(m.)*	banque
banco	banc
banheira	baignoire
banheiro	toilettes
banho	bain
bar	bar
barata *(f.)*	cafard
barba	barbe
barbeador	rasoir
barco	bateau
barraca	tente
barreira	barrière
barriga *(f.)*	ventre
batata	pomme de terre
batata doce	patate douce
bateria	batterie
bêbado	ivre
bebê	bébé
beber	boire
bebida	boisson
bem passado	bien cuit (steak)
bezerro	veau
biblioteca	bibliothèque
bicicleta	bicyclette
bife	steak
bijouterie *(f.)*	bijou fantaisie
bilhete	ticket
biológico	"bio"
biquine	bikini
biscoito	biscuit
boa noite!	bonsoir !, bonne nuit !
boa tarde!	bonjour ! (après-midi)
boca	bouche
bochecha	joue
boi	bœuf
boîte	boîte de nuit
bolso	poche
bolha	ampoule (peau)
bolo	gâteau
bolsa *(f.)*	sac
bom apetite!	bon appétit !
bom dia!	bonjour !
bombeiro	pompier
boneca	poupée
bonito	beau, joli
borboleta *(f.)*	papillon
borracharia *(f.)*	garage de réparation de pneus
bracelete	bracelet
braço	bras
branco	blanc
brinquedo	jouet
bronzear	bronzer
bufê	buffet
bunda	fesse
buzina *(f.)*	klaxon

C

cabeça	tête
cabelereiro	coiffeur
cabelo	cheveu(x)
cabra	chèvre
cachoeiras	chutes d'eau
cachorro	chien
cada	chaque
cada um	chacun
cadeira	chaise
café	café
café da manhã	petit-déjeuner
cair	tomber
caixa *(m.)*	caisse (magasin)
caixa automático	guichet automatique
caixa de correio	boîte aux lettres
caixa eletrônico	distributeur de billets
cajú	cajou

calça *(f.)*	pantalon
calçada *(f.)*	trottoir
calçado *(m.)*	chaussure
calculadora	calculette
calendário	calendrier
calor *(m.)*	chaleur
cama *(f.)*	lit
camarão *(m.)*	crevette
camera *(f.)*	webcam
câmera	caméra
caminhão	camion
caminho	chemin
camisa	chemise
camping	camping, terrain de camping
campo *(m.)*	campagne, champ
canção	chanson
canela	cannelle
cansado	fatigué
cantor	chanteur
capital	capitale
capivara *(f.)*	cabiai
cara	visage
caramujo	escargot
carangueijo	crabe
carburante	carburant
cardápio	menu (restaurant)
carne seca	viande séchée
carne	viande
caro	cher (prix)
caroço	noyau
carregar	porter
carro *(m.)*	voiture
carta	lettre (courrier)
cartão de crédito *(m.)*	carte de crédit
cartão telefônico *(m.)*	carte téléphonique
cartaz	affiche
carteira *(f.)*	portefeuille
carteira de motorista *(f.)*	permis de conduire
casa	maison
casa de câmbio *(f.)*	bureau de change
casaco *(m.)*	veste
casal	couple
casamento	mariage
catálogo	catalogue
catedral	cathédrale
cavalo	cheval
CD	CD
cebola *(f.)*	oignon
cedo	tôt
cemitério	cimetière
cenoura	carotte
centro	centre, centre-ville
cereal *(m.)*	céréale
certificado	certificat
cerveja	bière
cesto	panier
chá	thé
chamar	appeler
chapéu	chapeau
charuto	cigare
chato	plat *(adj.)*
chave	clé
chefe	chef
chegar	arriver
cheio	plein, complet
cheque de viagem	chèque de voyage
chocolate	chocolat
chover	pleuvoir
chuva	pluie
chuveiro *(m.)*	douche
ciclone	cyclone
cigarro	cigarette
cinema	cinéma
cinto *(m.)*	ceinture
cinzeiro	cendrier
circuito	circuit
circulação	circulation

claro	clair
cliente	client
clima	climat
clínica	clinique
cobertor *(m.)*	couverture
cobra *(f.)*	serpent, couleuvre
coçar	démanger, gratter
coceira	démangeaison
coco	noix de coco
água de ~	eau de coco
leite de ~	lait de coco
coelho	lapin
cofre	coffre-fort
cogumelo	champignon
coisa	chose
colar	collier
colher	cueillir
colher	cuillère
colocar	déposer, poser, mettre
colonial	colonial
colóquio	colloque
com	avec
com frequência	souvent
com licença!	pardon ! (pour passer)
começo	début
comer	manger
comércio	commerce
comestível	comestible
como	comme, comment
completo	complet
comprar	acheter
compreender	comprendre
comprido	long
computador	ordinateur
concha *(f.)*	coquillage
conexão internet	connexion Internet
conferência	conférence
confiança	confiance
congresso	congrès
conhecer	connaître
conselho	conseil
consertar	réparer
consulado	consulat
conta	addition (restaurant), facture
contaminação	contamination
contar	compter
continuar	continuer
contraceptivo	contraceptif
contrário	contraire
contrato	contrat
contribuição	contribution
converter	convertir
convidar	inviter
cooperativa	coopérative
copo	verre
cor	couleur
coração	cœur
coral	corail
corpo	corps
corredor	couloir
correio	courrier, poste
corrente	chaîne
correr	courir
cortar	couper
costa	côte (bord de mer)
costas *(f. pl.)*	dos
costela	côte (viande)
couro	cuir
couve-flor *(f.)*	chou-fleur
coxa	cuisse
cozido	cuit
cozinha	cuisine
cozinheiro	cuisinier
creme *(m.)*	crème
creme de cabelo	démêlant
crescer	pousser
criação	élevage
criança *(f.)*	enfant

crudo	cru
crustáceo	crustacé
cruzamento	carrefour, croisement
cuidado	attention
cultivar	cultiver
cultura	culture
curar	guérir
curso	cours
curto	court
curva	virage
custar	coûter

D

dança	danse
dançar	danser
dançarino	danseur
danceteria	discothèque
daqui	d'ici
dar	donner
dar um jeitinho	trouver un moyen
data de nascimento	date de naissance
de nada	de rien
declaração	déclaration
declarar	déclarer
dedão	orteil, pouce
dedo	doigt
defeito	défaut
defeituoso	défectueux
deficiente	handicapé
delegacia *(f.)*	commissariat
delicioso	délicieux
dengue	dengue
dente *(m.)*	dent
dentista	dentiste
denúncia	plainte
desagradável	désagréable
desaparecer	disparaître
descansar	reposer (se ~)
descer	descendre
desconto *(m.)*	réduction
desculpa!	pardon ! (= désolé)
desde	depuis
desejar	désirer
desemprego	chômage
deserto	désert
desligar	éteindre
desodorante	déodorant
despachar	expédier
despertador	réveil
despopular	dépeupler
desviar	dévier
desvio *(m.)*	déviation
devagar	lentement
dezembro	décembre
dia	jour, journée
dicionário	dictionnaire
diesel	diesel
digestão	digestion
diminuir	ralentir
dinheiro	argent (monnaie)
diploma	diplôme
diplomata	diplomate
direção	direction
direita	droite
direto	direct
diretor	directeur
dirigir	conduire,
disco	disque
disponível	disponible
dissolver	dissoudre
dívida	dette
dividir	partager
divisa	déviation
dizer	dire
doce	sucré, pâtisserie (gâteau)
doceria	pâtisserie (boutique)
documento	document
documentos	papiers
doença	maladie
doente	malade

domingo	dimanche
dor	douleur
dormir	dormir
duplo	double
duração	durée
durante	pendant
duro	dur

E

elevador	ascenseur
em cima	sur
em frente	devant
e-mail	e-mail
embaixada	ambassade
embaixo	sous
embrulhar	emballer
embrulhar	envelopper
emprestar	emprunter, prêter
encher	faire le plein, remplir
encontro	rendez-vous
endereço *(m.)*	adresse (postale)
engarrafamento	embouteillage
engolir	avaler
engordar	grossir
ensinar	enseigner
entender	entendre
enterro	enterrement
entrada	entrée
entrar	entrer
entre	entre
entregar	emporter
envelope	enveloppe
enviar	envoyer
equador	équateur
equipe	équipe
erro *(m.)*	erreur
escala	escale
escola	école
escova	brosse
escravidão *(f.)*	esclavage
escrever	écrire
escritor	écrivain
escutar	écouter
especialidade	spécialité
especiaria	épice
esperar	attendre
esporte	sport
esquecer	oublier
esquerda	gauche
estádio	stade
Estado	État
estalagem	gîte
estar por fora	ne pas être au courant
estômago	estomac
estrada	autoroute
estragar	abîmer
estrangeiro	étranger
estreito	étroit
estrela	étoile
estudante	étudiant
estudar	étudier
esvaziar	dégonfler
euro	euro
europeu	européen
experimentar	goûter (qqch.)
explicar	expliquer
exportar	exporter
exposição	exposition
exterior	extérieur

F

faca *(f.)*	couteau
falar	parler
falso	faux
família	famille
farinha	farine, "semoule"
farinha de mandioca	farine de manioc
farmácia	pharmacie
farol	phare
fatia	tranche
favela *(f.)*	bidonville

fazenda	ferme
fazendeiro	fermier
fazer	faire
febre	fièvre
fechado	fermé
fechar	fermer
feijão	haricot
feio	laid
feliz	heureux
fêmea	femelle
férias	congé, vacances
ferida	plaie
festa	fête
fevereiro	février
ficar	sortir
filmadora *(f.)*	caméscope
filme	film
filme fotográfico *(m.)*	pellicule
fio *(m.)*	ficelle
fiscal de alfândega	douanier
flor	fleur
floresta	forêt
fogo	feu
folha	feuille
fonte	fontaine
fora	dehors
formiga	fourmi
forno	four
forte	fort
fósforo *(m.)*	allumette
foto	photo
fralda	couche (bébé)
frango	poulet
fratura	fracture
freio	frein
fresco	frais
frio	froid
frito	frit
fruta *(f.)*	fruit
fumaça	fumée
fumar	fumer
futebol	football

G

gafanhoto *(m.)*	sauterelle
galeria	galerie
galinha	poule
galo	coq
ganhar	gagner
garfo *(m.)*	fourchette
garganta	gorge
garrafa	bouteille
gasolina	essence
gastar	dépenser
gato	chat
geladeira *(f.)*	réfrigérateur
gelado	glacé
geléia	confiture
gelo	glaçon
gentil	gentil
goiaba	goyave
gordo	gros
gorjeta *(f.)*	pourboire
grama	herbe
grande	grand, large
gratuito	gratuit
grave	grave
gravidez	grossesse
grelhado *(m.)*	grillade
grelhado	grillé
greve	grève
gripe	grippe
gritar	crier
grupo	groupe
guarda-chuva	parapluie
guardanapo *(m.)*	serviette (pour manger)
guardar	garder
guarda-sol	parasol
guia	guide
guichê	guichet

H

hoje	aujourd'hui
hora	heure
horário	horaire

hospital	hôpital
hospitalidade	hospitalité
hotel	hôtel

I

idade *(f.)*	âge
identidade	identité
igreja	église
ilha	île
imóvel	immeuble
importante	important
impossível	impossible
impraticável	impraticable
imprimir	imprimer
incêndio	incendie
inchar	enfler
incluído	inclus
Índio	Indien
inflamação	inflammation
informação *(f.)*	renseignement
informação	information
informar	informer
inocente	innocent
instrumento	outil
inteligente	intelligent
interior	intérieur, campagne
intinerário	itinéraire
inundar	inonder
inverno	hiver
iogurte	yaourt
ir	aller
irmã	sœur
irmão	frère
isolado	isolé

J

já	déjà, tout de suite
jacaré	caïman
janeiro	janvier
janela	fenêtre
jantar	dîner *(n.* et *v.)*
jardim	jardin
jeito	moyen
jibóia *(f.)*	boa
joelho	genou
jogar	jeter
jogo	jeu
jóia	bijou
jornal	journal
jovem	jeune
julho	juillet
junho	juin
junto	ensemble

L

lá	là-bas
lã	laine
lábio *(m.)*	lèvre
lagarto	lézard
lago	lac
lagoa	lagune
lagosta	langouste
lágrima	larme
lama	boue
lâmpada	lampe, ampoule, (lumière)
lápis	crayon
laranja	orange (couleur et fruit)
lareira	cheminée
largo	large, grand
lavanderia	laverie
lavar	laver
legume	légume
lei	loi
leite	lait
lembrança *(f.)*	souvenir
lençol	drap
ler	lire
letra	lettre (caractère)
levar	apporter, emmener

liberado libéré
ligação appel téléphonique
ligar allumer
limão citron
limite *(m.)* limite
limite de velocidade limite de vitesse
limonada limonade
limpo propre
língua langue
linha ligne
lista liste
livre libre
livro livre
loiro blond
loja *(f.)* magasin, boutique
longe loin
longo long
louco fou
lua lune
lugar lieu
luva *(f.)* gant
luxação luxation
luz lumière

M

maçã pomme
macarrão *(sing.)* pâtes
macho mâle
machucado *(m.)* lésion
machucar blesser
madeira *(f.)* bois (matière)
maduro mûr
mãe mère
magro maigre
maio mai
maiô maillot de bain (femme)
maioria majorité
mais plus
mala valise
mamadeira *(f.)* biberon
mamão *(m.)* papaye
manga mangue
manhã matin, matinée
manteiga *(f.)* beurre
mão main
mapa plan
mapa rodoviário *(m.)* carte routière
mar *(m.)* mer
março mars
marido mari
marisco fruit de mer
mas mais
máscara *(f.)* masque
mata *(f.)* bois (lieu)
matéria matière
mecânico mécanicien
medicamento médicament
médico médecin
medo *(m.)* peur
medusa méduse
meia chaussette
meio/meia demi- *(m./f.)*
menina fille
menino garçon
menor mineur (âge)
menos moins
mensagem *(f.)* message
mercado marché
mergulhar plonger
mesa table
metade moitié
metrô métro
mineiro mineur (mine)
minuto *(m.)* minute
moeda monnaie (pièce de ~)
moído haché
mole mou
molhado mouillé
molho *(m.)* sauce
montanha montagne
morar habiter
morcego *(m.)* chauve-souris
morder mordre

moreno	brun
morno	tiède
morto	mort
mosca	mouche
mosquito	moustique
motivo	motif
motor	moteur
motorista	conducteur
mouse *(m.)*	souris (ordinateur)
muito	assez
muito bem	très bien
muito tempo	longtemps
muito	trop
mulher	femme
multa	contravention
muro	mur
música	musique
música ao vivo *(f.)*	concert "live"

N

nacionalidade	nationalité
nada	rien
nadar	nager
namorado/-a	petit/e ami/e
não	non
nariz	nez
nascer	naître
Natal	Noël
natural	naturel
negar	refuser
ninguém	personne (≠ qqn)
ninho	nid
noite *(f.)*	nuit, soir, soirée
nojento	dégoûtant
nome completo	nom et prénom
nome	nom
norte	nord
nota *(f.)*	billet (argent)
notícia	nouvelle (information)
nove	neuf
novembro	novembre
novo	nouveau
noz	noix
nuca	nuque
número	nombre, numéro
nunca	jamais
nuvem *(f.)*	nuage

O

obrigado/obrigada	merci *(m./f.)*
observar	observer
ocasião	occasion, opportunité
óculos (os)	lunettes
óculos de sol	lunettes de soleil
ocupado	occupé
odor *(m.)*	odeur
oeste	ouest
oferta	offre
oficina *(f.)*	atelier
óleo *(m.)*	huile
olhar	regarder
olho	œil
ombro *(m.)*	épaule
omelete *(m.)*	omelette
onda	vague
onde	où
ônibus	bus
ônibus de viagem	car (transport)
ontem	hier
oportunidade	opportunité
ótica	optique
orçamento	budget
orelha	oreille
orelhão	téléphone public
osso	os
ostra	huître
ou	ou
ouriço	oursin
ouro	or (matière)
outono	automne

outubro octobre
ovelha *(f.)* mouton
ovo œuf

P

paciência patience
padaria boulangerie
pagar payer
pai père
painel panneau
país de origem pays d'origine
pais parents (père et mère)
paisagem *(f.)* paysage
paixão passion
palavra mot
palavrão gros mot
palmeira *(f.)* palmier
palmito cœur de palmier
panela casserole
pantera *(f.)* jaguar
pão pain
papel higiênico papier hygiénique
papel papier
paquerar draguer
para pour
parabéns! félicitations !
parada *(f.)* arrêt
parar arrêter
parecido ressemblant
parque parc
partida *(f.)* départ
partir partir
Páscoa Pâques
passageiro passager
pássaro oiseau
passeio *(m.)* promenade
pé pied
pedaço morceau
pedágio péage
pedido commande
pedir demander, commander
pedra pierre
pegar prendre
peitos poitrine
pena plume
pensamento *(m.)* pensée
pensar penser
pente peigne
pequeno petit
perder perdre
perfeito parfait
perfume parfum
periferia banlieue
perigo danger
perigoso dangereux
perna jambe
perú *(m.)* dinde
pesado lourd
pesar peser
pescador pêcheur
pescar pêcher
pescoço cou
peso poids
pêssego pêche
pessoa personne *(n.)*
pia *(f.)* robinet, lavabo
picada piqûre
picante piquant
pilha pile (électrique)
pimenta *(f.)* poivre, piment
pintor peintre
pintura peinture
piscina piscine
piso parquet
pivete enfant de la rue
planta plante
plantação plantation
plástico plastique

platina	platine
pneu	pneu
pobre	pauvre
pode ser	peut-être
poder	pouvoir
polícia	police
policial	policier
poltrona *(f.)*	fauteuil
pomada	pommade
ponte *(f.)*	pont
ponto de ônibus	arrêt de bus
ponto de taxi	arrêt de taxi
ponto final	terminus
pontudo	pointu
por	mettre
por que?	pourquoi ?
porcentagem *(f.)*	pourcentage
porco	cochon, porc
porta	porte
porta-malas	coffre (voiture)
porta-moeda	porte-monnaie
porto	port
possível	possible
posto de gasolina	station-service
pouco (um ~)	peu (un ~)
praça	place (en ville)
praia	plage
prata *(f.)*	argent (métal)
prato *(m.)*	assiette, plat
precioso	précieux
preço	prix
preferir	préférer
presente	cadeau, présent
preservativo	préservatif
presunto	jambon
preto	noir
primeiro	d'abord
primo	cousin
procurar	chercher
profundo	profond
programa	programme
proibido	interdit
pronto (estar~)	prêt (être ~)
proprietário	propriétaire
proteger	protéger
protetor solar *(m.)*	crème solaire
pulmão	poumon

Q

quadril *(m.)*	hanche
quadro	tableau
qualidade	qualité
quando	quand
quanto	combien
quarta-feira	mercredi
quarto *(m.)*	chambre
quase	presque
que bacana!	c'est bien !
que barato!	c'est génial !
que legal!	c'est chouette !
que nem	pareil
que	que, quoi
quebrado	panne
queijo	fromage
queimar	brûler
queixa	plainte
quente	chaud
querer	vouloir
querido	cher, chéri
quieto	silencieux
quinta-feira	jeudi

R

rã	grenouille
rádio *(m.)*	radio
raíz	racine
raro	rare
rasgar	déchirer
razão (ter ~)	raison (avoir ~)
real	réel
rebanho	troupeau
receita	recette, ordonnance
recepção *(f.)*	accueil, réception

recife	récif
reclamar	réclamer
recolher	ramasser
recolta	récolte
recomendar	recommander
redondo	rond
reembolsar	rembourser
refeição *(f.)*	repas
refrigerante	soda
região	région
regime	régime
regra	règle, loi
reinvestir	réinvestir
relacionamento	rapport amoureux
relaxar	relaxer
relógio	montre
reserva	réservation, réserve
reservar	réserver
restaurante	restaurant
retorno	retour
revelar	développer des photos
revista	revue
rim	rein
rio *(m.)*	rivière, fleuve
rir	rire
rochedo	rocher
roda	roue
rodovia	route
rodoviária	gare routière
rolha *(f.)*	bouchon
romance	roman
rosa	rose
rosto / cara	visage
roubar	voler (dérober)
roupa *(f.)*	linge
roupa *(f.)*	vêtement
roxo	violet
rua	rue

S

sábado	samedi
sabão	savon
saber	savoir
sacada *(f.)*	balcon
sacar	effectuer un retrait d'argent
saca-rolha	tire-bouchon
saída	sortie
sal	sel
sala *(f.)*	salon
salada	salade
salário	salaire
salgado	salé
salvar	enregistrer (informatique)
sandália	sandale
sanduiche	sandwich
sangrar	saigner
sangue *(f.)*	sang
sapo	crapaud
sauchicha	saucisse
saúde	santé
secador de cabelo	sèche-cheveux
seco	sec
segunda-feira	lundi
seguro	sûr, sécurité, assurance
self-service	self-service
selo	timbre
selvagem	sauvage
sem	sans
semana	semaine
sempre	toujours
senhor	monsieur
senhora	madame
ser	être
servir	servir
setembro	septembre
sexta-feira	vendredi
shampoo	shampoing

shopping center	centre commercial
sim	oui
sinagoga	synagogue
sobremesa *(f.)*	dessert
sobrinha	nièce
sobrinho	neveu
sofá	canapé
soja	soja
sol	soleil
sólido	solide
sopa	soupe
sorte	chance
sorvete *(m.)*	glace (crème glacée)
souris	souris (animal)
subir	monter
subúrbio	banlieue
suco	jus
sujo	sale
sul	sud
surpresa	surprise

T

tamanho *(m.)*	pointure, taille
também	aussi
tapete	tapis
tarde	tard
tarde *(f.)*	après-midi
tartaruga	tortue
taturana	chenille
tchau !	salut !
teatro	théâtre
tecido	tissu
teclado	clavier
telefonar	téléphoner
telhado	toit
tempero	assaisonnement, condiment
temporada	saison
ter	voir
terça-feira	mardi
terra	terre
térreo	rez-de-chaussée
tesoura *(f.)*	ciseaux
testa *(f.)*	front
teto	toit
tia	tante
tio	oncle
toalha de banho	serviette de bain
tomate *(m.)*	tomate
torta	tarte
tosse	toux
tossir	tousser
touro	taureau
trabalhar	travailler
trabalho	travail
tradução	traduction
traduzir	traduire
tranquilo	tranquille
transar	faire l'amour
travesseiro	oreiller
tribo	tribu
triste	triste
trocar dinheiro	changer de l'argent
trocar	échanger
trombadinha	enfant de la rue qui vole
tronco	tronc
tubarão	requin
tucano	toucan
tudo bem?	ça va bien ?
tudo jóia!	tout va bien !
turquesa	turquoise

U

último	dernier
úmido	humide
urgente	urgent
uva *(f.)*	raisin
uva passa	raisin sec

V

vaca	vache
vacina *(f.)*	vaccin
valor	chiffre
valor do câmbio	cours du change
vapor	vapeur
variado	varié
vários	plusieurs
vegetação	végétation
vegetariano	végétarien
vela	bougie
velho	vieux
velocidade	vitesse
velocímetro	compteur (taxi)
vender	vendre
ver	voir
verão	été
verdade	vrai
verdadeiramente	vraiment
verde	vert
vermelho	rouge
vestido	robe
viagem *(f.)*	voyage
vigiar	surveiller
vinagre	vinaigre
vinho	vin
violeta	violet
vir	venir
virar	tourner
visita	visite
visto	visa
viúvo	veuf
voar	voler (oiseau)
você	vous, tu
voltar	revenir
voz	voix

X, Z

xará	homonyme
xavecar	draguer
xícara	tasse
xilofone	xylophone
zona	zone
zoológico	zoologique

A

abeille	**abelha**
à bientôt !	**até logo!, até mais!**
abîmer	**estragar**
accélérer	**acelerar**
accepter	**aceitar**
accident	**acidente**
accompagner	**acompanhar**
accueil	**recepção** *(f.)*
accueillir	**acolher**
acheter	**comprar**
acteur	**ator**
addition (restaurant)	**conta**
adolescent	**adolescente**
adopter	**adotar**
adresse (postale)	**endereço** *(m.)*
aéroport	**aeroporto**
affiche	**cartaz**
âge	**idade**
agence de voyages	**agência de viagens**
agréable	**agradável**
agresser	**agredir**
agriculteur	**agricultor**
agriculture	**agricultura**
aide	**ajuda**
aider	**ajudar**
aimer	**amar**
air	**ar**
ajouter	**acrescentar**
alcool	**alcool**
aliment	**alimento**
alimentation	**alimentação**
allée	**alameda**
aller	**ir**
allergie	**alergia**
allumer	**ligar**
allumette	**fósforo** *(m.)*
Amazonie	**Amazônia**
ambassade	**embaixada**
ambulance	**ambulância**
ami	**amigo**
amour	**amor**
ampoule (peau)	**bolha**
ampoule (lumière)	**lâmpada**
ananas	**abacaxi**
animal	**animal**
année	**ano** *(m.)*
anniversaire	**aniversário**
antibiotique	**antibiótico**
anti-inflammatoire	**anti-inflam-tório**
août	**agosto**
appartement	**apartamento**
appel	**ligação**
appeler	**chamar, ligar**
apporter	**levar**
apprendre	**aprender**
après	**após**
après-midi	**tarde**
ara	**arara**
araignée	**aranha**
arbre	**árvore** *(f.)*
argent (monnaie)	**dinheiro**
argent (métal)	**prata** *(f.)*
arrêt	**parada** *(f.)*
arrêt de bus	**ponto de ônibus**
arrêt de taxi	**ponto de taxi**
arrêter	**parar**
arriver	**chegar**
art	**arte** *(f.)*
artificiel	**artificial**
artisan	**artasão**
artisanat	**artesanato**
artiste	**artista**
ascenseur	**elevador**
aspirateur	**aspirador**
aspirine	**aspirina**
assaisonnement	**tempero**
assaut	**assalto**
assez	**muito**

assiette	**prato** *(m.)*
assurance	**seguro**
atelier	**oficina** *(f.)*
attendre	**esperar**
attention	**cuidado**
aujourd'hui	**hoje**
aussi	**também**
auteur	**autor**
authentique	**autêntico**
automne	**outono**
autoroute	**estrada**
avaler	**engolir**
avant-hier	**anteontem**
avec	**com**
avenue	**avenida**
avocat (fruit)	**abacate**
avion	**avião**
avoir	**ter**
avril	**abril**

B

bactérie	**bactéria**
bagage	**bagagem** *(f.)*
bague	**anel** *(m.)*
baie (mer)	**baía**
baignoire	**banheira**
bain	**banho**
balcon	**sacada** *(f.)*
ballon	**balão**
banane	**banana**
bananier	**bananeira** *(f.)*
banc	**banco**
banlieue	**periferia, subúrbio**
banque	**banco** *(m.)*
bar	**bar**
barbe	**barba**
barrière	**barreira**
bas	**baixo**
bateau	**barco**
batterie	**bateria**
beau	**bonito**
bébé	**bebê**
beurre	**manteiga** *(f.)*
biberon	**mamadeira** *(f.)*
bibliothèque	**biblioteca**
bicyclette	**bicicleta**
bidonville	**favela** *(f.)*
bien cuit (steak)	**bem passado**
bière	**cerveja**
bijou	**bijouteria** *(f.)*
bikini	**biquine**
billet (argent)	**nota** *(f.)*
biscuit	**biscoito**
blanc	**branco**
blesser	**machucar, ferir**
bleu	**azul**
blond	**loiro**
bœuf	**boi**
boa	**jibóia** *(f.)*
boire	**beber**
bois (matière)	**madeira** *(f.)*
boisson	**bebida**
boîte aux lettres	**caixa de correio**
boîte de nuit	**boîte, danceteria**
bon appétit !	**bom apetite!**
bonjour !	**bom dia!**
bonjour ! (après-midi)	**boa tarde!**
bonne nuit !	**boa noite!**
bonsoir !	**boa noite!**
bossa nova	**bossa nova**
bouche	**boca**
boucherie	**açougue** *(m.)*
bouchon	**rolha** *(f.)*
boue	**lama**
bougie	**vela**
boulangerie	**padaria**
bouteille	**garrafa**
boutique	**loja**
bracelet	**bracelete**
bras	**braço**
bronzer	**bronzear**
brosse	**escova**
brûler	**queimar**
brun	**moreno**

budget	**orçamento**
buffet	**bufê**
bureau de change	**casa de câmbio** *(f.)*
bus	**ônibus**

C

cabiai	**capivara**
cacahuète	**amendoim** *(m.)*
cactus	**cactus**
cadeau	**presente**
cafard	**barata** *(f.)*
café	**café**
caisse (magasin)	**caixa** *(m.)*
caïman	**jacaré**
cajou	**cajú**
calculette	**calculadora**
calendrier	**calendário**
caméra	**câmera**
caméscope	**filmadora** *(f.)*
camion	**caminhão**
campagne	**campo, interior** *(m.)*
camper	**acampar**
camping	**camping**
canapé	**sofá**
cannelle	**canela**
capitale	**capital**
car	**ônibus de viagem**
carburant	**carburante**
carotte	**cenoura**
carrefour	**cruzamento**
carte de crédit	**cartão de crédito** *(m.)*
carte routière	**mapa rodoviário** *(m.)*
carte téléphonique	**cartão telefônico** *(m.)*
casserole	**panela**
catalogue	**catálogo**
cathédrale	**catedral**
ça va bien ?	**tudo bem?**
CD	**CD**
ceinture	**cinto** *(m.)*
cendrier	**cinzeiro**
centre	**centro**
centre commercial	**shopping center**
centre-ville	**centro**
céréale	**cereal** *(m.)*
certificat	**certificado**
c'est bien !	**está bem!**
c'est chouette !	**que legal!**
c'est génial !	**fantástico!**
chacun	**cada um**
chaîne	**corrente**
chaise	**cadeira**
chaleur	**calor** *(m.)*
chambre	**quarto** *(m.)*
champ	**campo**
champignon	**cogumelo**
chance	**sorte**
changer de l'argent	**trocar dinheiro**
chanson	**canção, música**
chanteur	**cantor**
chapeau	**chapéu**
chaque	**cada**
chat	**gato**
chaud	**quente**
chaussette	**meia**
chaussure	**calçado** *(m.)*
chauve-souris	**morcego** *(m.)*
chef	**chefe**
chemin	**caminho**
cheminée	**lareira**
chemise	**camisa**
chenille	**taturana**
chèque de voyage	**cheque de viagem**
cher (chéri)	**querido**
cher (prix)	**caro**
chercher	**procurar**
cheval	**cavalo**
cheveux	**cabelo**
chèvre	**cabra**
chien	**cachorro**

chiffre	**número**
chocolat	**chocolate**
chômage	**desemprego**
chose	**coisa**
chou-fleur	**couve-flor** *(f.)*
chutes d'eau	**cachoeiras**
cigare	**charuto**
cigarette	**cigarro**
cimetière	**cemitério**
cinéma	**cinema**
circuit	**circuito**
circulation	**circulação**
ciseaux	**tesoura** *(f.)*
citron	**limão**
clair	**claro**
clavier	**teclado**
clé	**chave**
client	**cliente**
climat	**clima**
climatisation	**ar condicionado** *(m.)*
clinique	**clínica**
cochon	**porco**
coco (eau de ~)	**água de coco**
(lait de ~)	**leite de coco**
(noix de ~)	**coco**
cœur	**coração**
cœur de palmier	**palmito**
coffre (voiture)	**porta-malas**
coffre-fort	**cofre**
coiffeur	**cabelereiro**
collier	**colar**
colloque	**colóquio**
colonial	**colonial**
combien	**quanto**
comestible	**comestível**
commande	**pedido**
commander	**pedir**
comme	**como**
comment	**como**
commerce	**comércio**
commissariat	**delegacia** *(f.)*
complet	**cheio, completo**
comprendre	**compreender**
compter	**contar**
compteur	**velocímetro, contador**
concert "live"	**música ao vivo** *(f.)*
condiment	**tempero, condimento**
conducteur	**motorista**
conduire	**dirigir**
conférence	**conferência**
confiance	**confiança**
confiture	**geléia**
congé	**férias**
congrès	**congresso**
connaître	**conhecer**
connexion Internet	**conexão internet**
conseil	**conselho**
consulat	**consulado**
contamination	**contaminação**
continuer	**continuar**
contraceptif	**contraceptivo**
contraire	**contrário**
contrat	**contrato**
contravention	**multa**
contribution	**contribuição**
convertir	**converter**
coopérative	**cooperativa**
coq	**galo**
coquillage	**concha** *(f.)*
corail	**coral**
corps	**corpo**
côte (bord de mer)	**costa**
côte (viande)	**costela**
coton	**algodão**
cou	**pescoço**
couche	**fralda, camada**
couleur	**cor**
couleuvre	**cobra**
couloir	**corredor**
couper	**cortar**

couple	**casal**
courge	**abóbora**
courir	**correr**
courrier	**correio**
cours (école)	**curso, aula** *(f.)*
cours du change	**valor do câmbio**
court	**curto**
cousin	**primo**
couteau	**faca** *(f.)*
coûter	**custar**
couverture	**cobertor** *(f.)*
crabe	**caranguejo**
crapaud	**sapo**
crayon	**lápis**
crème	**creme** *(m.)*
crème solaire	**protetor solar** *(m.)*
crevette	**camarão** *(m.)*
crier	**gritar**
croisement	**cruzamento**
cru	**cru**
crustacé	**crustáceo**
cueillir	**colher**
cuillère	**colher**
cuir	**couro**
cuisine	**cozinha**
cuisinier	**cozinheiro**
cuisse	**coxa**
cuit	**cozido**
cuivre	**bronze**
cultiver	**cultivar**
culture	**cultura**
cyclone	**ciclone**

D

d'abord	**primeiro**
danger	**perigo**
dangereux	**perigoso**
danse	**dança**
danser	**dançar**
danseur	**dançarino**
date de naissance	**data de nascimento**
début	**começo**
décembre	**dezembro**
déchirer	**rasgar**
déclaration	**declaração**
déclarer	**declarar**
défaut	**defeito**
défectueux	**defeituoso**
dégonfler	**esvaziar**
dégoûtant	**nojento**
dehors	**fora**
déjeuner (le ~)	**almoço**
déjeuner	**almoçar**
délicieux	**delicioso**
demain	**amanhã**
demander	**pedir**
démangeaison	**coceira**
démanger	**coçar**
démêlant	**creme de cabelo**
demi-	**meio/meia**
dengue	**dengue**
dent	**dente** *(m.)*
dentiste	**dentista**
déodorant	**desodorante**
départ	**partida** *(f.)*
dépêcher (se ~)	**se apressar**
dépenser	**gastar**
dépeupler	**despopular**
déposer	**colocar**
depuis	**desde**
dernier	**último**
derrière	**atrás**
désagréable	**desagradável**
descendre	**descer**
désert	**deserto**
désirer	**desejar**
dessert	**sobremesa** *(f.)*
détour	**desviar**
dette	**dívida**
devant	**em frente**
développer des photos	**revelar**
déviation	**desvio** *(m.)*
devise	**divisa**

d'ici	**daqui**
dictionnaire	**dicionário**
diesel	**diesel**
digestion	**digestão**
dimanche	**domingo**
dinde	**perú** *(m.)*
dîner (le ~)	**janta** *(f.)*
dîner	**jantar**
diplomate	**diplomata**
diplôme	**diploma**
dire	**dizer**
direct	**direto**
directeur	**diretor**
direction	**direção**
discothèque	**danceteria**
disparaître	**desaparecer**
disponible	**disponível**
disque	**disco**
dissoudre	**dissolver**
distributeur de billets	**caixa eletrônico**
document	**documento**
doigt	**dedo**
donner	**dar**
dormir	**dormir**
dos	**costas**
dossier	**arquivo**
douane	**alfândega**
douanier	**fiscal de alfândega**
double	**duplo**
douche	**chuveiro** *(m.)*
douleur	**dor**
draguer	**paquerar**
drap	**lençol**
droite	**direita**
dur	**duro**
durée	**duração**

E

eau gazeuse	**água tônica**
eau minérale	**água mineral**
eau potable	**água potável**
échanger	**trocar**
école	**escola**
écouter	**escutar**
écrire	**escrever**
écrivain	**escritor**
effectuer un retrait (d'argent)	**sacar**
église	**igreja**
élevage	**criação**
élève	**aluno**
e-mail	**e-mail**
emballer	**embrulhar**
embouteillage	**engarrafamento**
emmener	**levar**
emporter	**entregar**
emprunter	**emprestar**
encore	**ainda**
enfant	**criança** *(f.)*
enfant de la rue	**pivete**
enfant de la rue qui vole	**trombadinha**
enfler	**inchar, encher**
enregistrer (informatique)	**salvar**
enseigner	**ensinar**
ensemble	**junto**
entendre	**entender**
enterrement	**enterro**
entre	**entre**
entrée	**entrada**
entrer	**entrar**
enveloppe	**envelope**
envelopper	**embrulhar**
envoyer	**enviar**
épaule	**ombro** *(m.)*
épice	**especiaria**
équateur	**equador**
équipe	**equipe**
erreur	**erro** *(m.)*
escale	**escala**
escargot	**caramujo**
esclavage	**escravidão** *(f.)*
essence	**gasolina**
estomac	**estômago**

budget	**orçamento**
buffet	**bufê**
bureau de change	**casa de câmbio** *(f.)*
bus	**ônibus**

C

cabiai	**capivara**
cacahuète	**amendoim** *(m.)*
cactus	**cactus**
cadeau	**presente**
cafard	**barata** *(f.)*
café	**café**
caisse (magasin)	**caixa** *(m.)*
caïman	**jacaré**
cajou	**cajú**
calculette	**calculadora**
calendrier	**calendário**
caméra	**câmera**
caméscope	**filmadora** *(f.)*
camion	**caminhão**
campagne	**campo, interior** *(m.)*
camper	**acampar**
camping	**camping**
canapé	**sofá**
cannelle	**canela**
capitale	**capital**
car	**ônibus de viagem**
carburant	**carburante**
carotte	**cenoura**
carrefour	**cruzamento**
carte de crédit	**cartão de crédito** *(m.)*
carte routière	**mapa rodoviário** *(m.)*
carte téléphonique	**cartão telefônico** *(m.)*
casserole	**panela**
catalogue	**catálogo**
cathédrale	**catedral**
ça va bien ?	**tudo bem?**
CD	**CD**
ceinture	**cinto** *(m.)*
cendrier	**cinzeiro**
centre	**centro**
centre commercial	**shopping center**
centre-ville	**centro**
céréale	**cereal** *(m.)*
certificat	**certificado**
c'est bien !	**está bem!**
c'est chouette !	**que legal!**
c'est génial !	**fantástico!**
chacun	**cada um**
chaîne	**corrente**
chaise	**cadeira**
chaleur	**calor** *(m.)*
chambre	**quarto** *(m.)*
champ	**campo**
champignon	**cogumelo**
chance	**sorte**
changer de l'argent	**trocar dinheiro**
chanson	**canção, música**
chanteur	**cantor**
chapeau	**chapéu**
chaque	**cada**
chat	**gato**
chaud	**quente**
chaussette	**meia**
chaussure	**calçado** *(m.)*
chauve-souris	**morcego** *(m.)*
chef	**chefe**
chemin	**caminho**
cheminée	**lareira**
chemise	**camisa**
chenille	**taturana**
chèque de voyage	**cheque de viagem**
cher (chéri)	**querido**
cher (prix)	**caro**
chercher	**procurar**
cheval	**cavalo**
cheveux	**cabelo**
chèvre	**cabra**
chien	**cachorro**

chiffre	**número**	complet	**cheio, completo**
chocolat	**chocolate**	comprendre	**compreender**
chômage	**desemprego**	compter	**contar**
chose	**coisa**	compteur	**velocímetro, contador**
chou-fleur	**couve-flor** *(f.)*	concert "live"	**música ao vivo** *(f.)*
chutes d'eau	**cachoeiras**	condiment	**tempero, condimento**
cigare	**charuto**	conducteur	**motorista**
cigarette	**cigarro**	conduire	**dirigir**
cimetière	**cemitério**	conférence	**conferência**
cinéma	**cinema**	confiance	**confiança**
circuit	**circuito**	confiture	**geléia**
circulation	**circulação**	congé	**férias**
ciseaux	**tesoura** *(f.)*	congrès	**congresso**
citron	**limão**	connaître	**conhecer**
clair	**claro**	connexion Internet	**conexão internet**
clavier	**teclado**	conseil	**conselho**
clé	**chave**	consulat	**consulado**
client	**cliente**	contamination	**contaminação**
climat	**clima**	continuer	**continuar**
climatisation	**ar condicionado** *(m.)*	contraceptif	**contraceptivo**
clinique	**clínica**	contraire	**contrário**
cochon	**porco**	contrat	**contrato**
coco (eau de ~)	**água de coco**	contravention	**multa**
(lait de ~)	**leite de coco**	contribution	**contribuição**
(noix de ~)	**coco**	convertir	**converter**
cœur	**coração**	coopérative	**cooperativa**
cœur de palmier	**palmito**	coq	**galo**
coffre (voiture)	**porta-malas**	coquillage	**concha** *(f.)*
coffre-fort	**cofre**	corail	**coral**
coiffeur	**cabelereiro**	corps	**corpo**
collier	**colar**	côte (bord de mer)	**costa**
colloque	**colóquio**	côte (viande)	**costela**
colonial	**colonial**	coton	**algodão**
combien	**quanto**	cou	**pescoço**
comestible	**comestível**	couche	**fralda, camada**
commande	**pedido**	couleur	**cor**
commander	**pedir**	couleuvre	**cobra**
comme	**como**	couloir	**corredor**
comment	**como**	couper	**cortar**
commerce	**comércio**		
commissariat	**delegacia** *(f.)*		

couple	**casal**
courge	**abóbora**
courir	**correr**
courrier	**correio**
cours (école)	**curso, aula** *(f.)*
cours du change	**valor do câmbio**
court	**curto**
cousin	**primo**
couteau	**faca** *(f.)*
coûter	**custar**
couverture	**cobertor** *(f.)*
crabe	**caranguejo**
crapaud	**sapo**
crayon	**lápis**
crème	**creme** *(m.)*
crème solaire	**protetor solar** *(m.)*
crevette	**camarão** *(m.)*
crier	**gritar**
croisement	**cruzamento**
cru	**cru**
crustacé	**crustáceo**
cueillir	**colher**
cuillère	**colher**
cuir	**couro**
cuisine	**cozinha**
cuisinier	**cozinheiro**
cuisse	**coxa**
cuit	**cozido**
cuivre	**bronze**
cultiver	**cultivar**
culture	**cultura**
cyclone	**ciclone**

D

d'abord	**primeiro**
danger	**perigo**
dangereux	**perigoso**
danse	**dança**
danser	**dançar**
danseur	**dançarino**
date de naissance	**data de nascimento**
début	**começo**
décembre	**dezembro**
déchirer	**rasgar**
déclaration	**declaração**
déclarer	**declarar**
défaut	**defeito**
défectueux	**defeituoso**
dégonfler	**esvaziar**
dégoûtant	**nojento**
dehors	**fora**
déjeuner (le ~)	**almoço**
déjeuner	**almoçar**
délicieux	**delicioso**
demain	**amanhã**
demander	**pedir**
démangeaison	**coceira**
démanger	**coçar**
démêlant	**creme de cabelo**
demi-	**meio/meia**
dengue	**dengue**
dent	**dente** *(m.)*
dentiste	**dentista**
déodorant	**desodorante**
départ	**partida** *(f.)*
dépêcher (se ~)	**se apressar**
dépenser	**gastar**
dépeupler	**despopular**
déposer	**colocar**
depuis	**desde**
dernier	**último**
derrière	**atrás**
désagréable	**desagradável**
descendre	**descer**
désert	**deserto**
désirer	**desejar**
dessert	**sobremesa** *(f.)*
détour	**desviar**
dette	**dívida**
devant	**em frente**
développer des photos	**revelar**
déviation	**desvio** *(m.)*
devise	**divisa**

d'ici	**daqui**
dictionnaire	**dicionário**
diesel	**diesel**
digestion	**digestão**
dimanche	**domingo**
dinde	**perú** *(m.)*
dîner (le ~)	**janta** *(f.)*
dîner	**jantar**
diplomate	**diplomata**
diplôme	**diploma**
dire	**dizer**
direct	**direto**
directeur	**diretor**
direction	**direção**
discothèque	**danceteria**
disparaître	**desaparecer**
disponible	**disponível**
disque	**disco**
dissoudre	**dissolver**
distributeur de billets	**caixa eletrônico**
document	**documento**
doigt	**dedo**
donner	**dar**
dormir	**dormir**
dos	**costas**
dossier	**arquivo**
douane	**alfândega**
douanier	**fiscal de alfândega**
double	**duplo**
douche	**chuveiro** *(m.)*
douleur	**dor**
draguer	**paquerar**
drap	**lençol**
droite	**direita**
dur	**duro**
durée	**duração**

E

eau gazeuse	**água tônica**
eau minérale	**água mineral**
eau potable	**água potável**
échanger	**trocar**
école	**escola**
écouter	**escutar**
écrire	**escrever**
écrivain	**escritor**
effectuer un retrait (d'argent)	**sacar**
église	**igreja**
élevage	**criação**
élève	**aluno**
e-mail	**e-mail**
emballer	**embrulhar**
embouteillage	**engarrafamento**
emmener	**levar**
emporter	**entregar**
emprunter	**emprestar**
encore	**ainda**
enfant	**criança** *(f.)*
enfant de la rue	**pivete**
enfant de la rue qui vole	**trombadinha**
enfler	**inchar, encher**
enregistrer (informatique)	**salvar**
enseigner	**ensinar**
ensemble	**junto**
entendre	**entender**
enterrement	**enterro**
entre	**entre**
entrée	**entrada**
entrer	**entrar**
enveloppe	**envelope**
envelopper	**embrulhar**
envoyer	**enviar**
épaule	**ombro** *(m.)*
épice	**especiaria**
équateur	**equador**
équipe	**equipe**
erreur	**erro** *(m.)*
escale	**escala**
escargot	**caramujo**
esclavage	**escravidão** *(f.)*
essence	**gasolina**
estomac	**estômago**

étage **andar**
État **Estado**
été **verão**
éteindre **desligar**
étoile **estrela**
étranger **estrangeiro**
être **ser**
étroit **estreito**
étudiant **estudante**
étudier **estudar**
euro **euro**
européen **europeu**
évier **pia** *(f.)*
expédier **despachar**
expliquer **explicar**
exporter **exportar**
exposition **exposição**
extérieur **exterior**

F

facture **factura, conta**
faire **fazer**
faire l'amour **fazer amor, transar**
famille **família**
farine **farinha**
farine de manioc **farinha de mandioca**
fatigué **cansado**
fauteuil **poltrona** *(f.)*
faux **falso**
félicitations ! **parabéns!**
femelle **fêmea**
femme **mulher**
fenêtre **janela**
ferme **fazenda**
fermé **fechado**
fermer **fechar**
fermier **fazendeiro**
fesse **bunda**
fête **festa**
feu **fogo**
feuille **folha**
février **fevereiro**
ficelle **fio** *(m.)*
fichier (informatique) **arquivo**
fièvre **febre**
fille **menina**
film **filme**
fleur **flor**
fleuve **rio**
fontaine **fonte**
football **futebol**
forêt **floresta**
fort **forte**
fou **louco**
four **forno**
fourchette **garfo** *(m.)*
fourmi **formiga**
fracture **fratura**
frais **fresco**
frein **freio**
frère **irmão**
frit **frito**
froid **frio**
fromage **queijo**
front **testa** *(f.)*
fruit **fruta** *(f.)*
fumée **fumaça**
fumer **fumar**

G

gagner **ganhar**
galerie **galeria**
gant **luva** *(f.)*
garçon **menino**
garage de réparation de pneus **borracharia** *(f.)*
garder **guardar**
gare routière **rodoviária**
gâteau **bolo**
gauche **esquerda**
genou **joelho**
gentil **gentil**
gîte **estalagem**
glace (crème glacée) **sorvete** *(m.)*
glacé **gelado**
glaçon **gelo**

goyave	**goiaba**
gorge	**garganta**
goûter (qqch.)	**experimentar**
gras	**gorduroso**
grand	**grande**
grand-mère	**avó**
grand-père	**avô**
grands-parents	**avós**
gratter	**coçar**
gratuit	**gratuito**
grave	**grave**
grenouille	**rã**
grève	**greve**
grillade	**grelhado** *(m.)*
grillé	**grelhado**
grippe	**gripe**
gros	**gordo**
grossesse	**gravidez**
grossir	**engordar**
groupe	**grupo**
guérir	**curar**
guichet	**guichê**
guichet automatique	**caixa automático**
guide	**guia**

H

habiter	**morar**
haché	**moído**
hanche	**quadril** *(m.)*
handicapé	**deficiente**
haricot	**feijão**
haut	**alto**
hauteur	**altura**
hébergement	**alojamento**
herbe	**grama**
heure	**hora**
heureux	**feliz**
hier	**ontem**
hiver	**inverno**
homonyme	**xará**
hôpital	**hospital**
horaire	**horário**
hospitalité	**hospitalidade**
hôtel	**hotel**
huile	**óleo** *(m.)*
huître	**ostra**
humide	**úmido**

I

ici	**aqui**
identité	**identidade**
île	**ilha**
immeuble	**imóvel**
important	**importante**
impossible	**impossível**
impraticable	**impraticável**
imprimer	**imprimir**
incendie	**incêndio**
inclus	**incluído**
Indien	**Índio**
inflammation	**inflamação**
information	**informação**
informer	**informar**
innocent	**inocente**
intelligent	**inteligente**
inonder	**inundar**
interdit	**proibido**
inviter	**convidar**
isolé	**isolado**
itinéraire	**intinerário**
ivre	**bêbado**

J

jaguar	**pantera** *(f.)*
jamais	**nunca**
jambe	**perna**
jambon	**presunto**
jardin	**jardim**
janvier	**janeiro**
jaune	**amarelo**
jeter	**jogar**
jeu	**jogo**
jeudi	**quinta-feira**
jeune	**jovem**
joli	**bonito**
joue	**bochecha**

jouet	**brinquedo**
jour, journée	**dia**
journal	**jornal**
juillet	**julho**
juin	**junho**
jus	**suco**
jusqu'à	**até**

K

kiosque à journaux	**banca de jornal** *(f.)*
klaxon	**buzina** *(f.)*

L

là-bas	**lá**
lac	**lago**
lagune	**lagoa**
laid	**feio**
laine	**lã**
lait	**leite**
laitue	**alface**
lampe	**lâmpada**
langouste	**lagosta**
langue	**língua**
lapin	**coelho**
large	**grande, largo**
larme	**lágrima**
lavabo	**pia**
laver	**lavar**
laverie	**lavanderia**
légume	**legume**
lentement	**devagar**
lésion	**machucado** *(m.)*
lettre (caractère)	**letra**
lettre (courrier)	**carta**
lèvre	**lábio**
lézard	**lagarto**
libéré	**liberado**
libre	**livre**
lieu	**lugar**
ligne	**linha**
limite	**limite** *(m.)*
limite de vitesse	**limite de velocidade** *(m.)*
limonade	**limonada**
linge	**roupa** *(f.)*
lire	**ler**
liste	**lista**
lit	**cama** *(f.)*
livre	**livro**
loi	**lei**
location	**aluguel** *(m.)*
location de voiture	**aluguel de carro** *(m.)*
loin	**longe**
long	**longo, comprido**
longtemps	**muito tempo**
louer	**alugar**
lourd	**pesado**
lumière	**luz**
lundi	**segunda-feira**
lune	**lua**
lunettes	**óculos** *(m. pl.)*
lunettes de soleil	**óculos de sol**
luxation	**luxação**

M

madame	**senhora**
magasin	**loja** *(f.)*
mai	**maio**
maigre	**magro**
maillot de bain (femme)	**maiô**
main	**mão**
mais	**mas**
majorité	**maioria**
malade	**doente**
maladie	**doença**
mâle	**macho**
manger	**comer**
mangue	**manga**
marché	**mercado**
marcher	**andar**
mardi	**terça-feira**
mari	**marido**

mariage	**casamento**
mars	**março**
masque	**máscara** *(f.)*
matière	**matéria**
matin, matinée	**manhã**
mécanicien	**mecânico**
médecin	**médico**
médicament	**medicamento**
méduse	**medusa**
menu (restaurant)	**cardápio**
mer	**mar** *(m.)*
merci	**obrigado/ obrigada**
mercredi	**quarta-feira**
mère	**mãe**
message	**mensagem** *(f.)*
métro	**metrô**
mettre	**por, colocar**
mince	**magro**
mineur (âge)	**menor**
mineur (mine)	**mineiro**
minute	**minuto** *(m.)*
moins	**menos**
moitié	**metade**
monnaie	**moeda**
monsieur	**senhor**
montagne	**montanha**
monter	**subir**
montre	**relógio** *(m.)*
morceau	**pedaço**
mordre	**morder**
mort	**morto**
mot	**palavra** *(f.)*
mot (gros ~)	**palavrão**
moteur	**motor**
motif	**motivo**
mou	**mole**
mouche	**mosca**
mouillé	**molhado**
moule	**mexilhão** *(m.)*
moustique	**mosquito**
mouton	**ovelha** *(f.)*
moyen	**jeito**
mur	**muro**
mûr	**maduro**
musique	**música**

N

nager	**nadar**
naître	**nascer**
nationalité	**nacionalidade**
naturel	**natural**
ne pas être au courant	**estar por fora**
neuf	**nove**
neveu	**sobrinho**
nièce	**sobrinha**
nez	**nariz**
nid	**ninho**
Noël	**Natal**
noir	**preto**
noix	**noz**
noix de coco	**coco**
nom	**nome**
nom de famille	**sobrenome**
nom et prénom	**nome completo**
nombre	**número**
non	**não**
nord	**norte**
nourriture	**alimento** *(m.)*
nous *(familier)*	**a gente**
nouveau	**novo**
nouvelle (information)	**novidade**
novembre	**novembro**
noyau	**caroço**
nuage	**nuvem** *(f.)*
nuit	**noite**
numéro	**número**
nuque	**nuca**

O

observer	**observar**
occupé	**ocupado**
octobre	**outubro**
odeur	**odor** *(m.)*
œil	**olho**

œuf	**ovo**
offre	**oferta**
oignon	**cebola** *(f.)*
oiseau	**pássaro**
omelette	**omelete** *(m.)*
oncle	**tio**
opportunité	**ocasião, oportunidade**
opticien	**óptica** *(f.)*
or (matière)	**ouro**
orange (couleur)	**laranja**
orange (fruit)	**laranja**
ordinateur	**computador**
ordonnance	**receita**
oreille	**orelha**
oreiller	**travesseiro**
os	**osso**
orteil	**dedão**
ou	**ou**
où	**onde**
oublier	**esquecer**
ouest	**oeste**
oui	**sim**
oursin	**ouriço**
outil	**instrumento**
ouvert	**aberto**
ouvrir	**abrir**

P

pain	**pão**
palmier	**palmeira** *(f.)*
panier	**cesto**
panne	**quebrado**
panneau	**painel**
pantalon	**calça** *(f.)*
papaye	**mamão** *(m.)*
papier	**papel**
papier hygiénique	**papel higiênico**
papiers	**documentos**
papillon	**borboleta** *(f.)*
Pâques	**Páscoa**
paquet	**piso**
parapluie	**guarda-chuva**
parasol	**guarda-sol**
parc	**parque**
pardon ! (pour passer)	**com licença !**
pardon ! (désolé)	**desculpa !**
parent (famille)	**família**
parents (père et mère)	**pais**
parfait	**perfeito**
parfum	**perfume**
parler	**falar**
partager	**dividir**
partir	**partir**
passager	**passageiro**
passion	**paixão**
patate douce	**batata doce**
pâte (nouille)	**macarrão** *(m.)*
patience	**paciência**
pâtisserie (gâteau)	**doce**
pâtisserie (boutique)	**doceria**
pauvre	**pobre**
payer	**pagar**
paysage	**paisagem** *(f.)*
pays d'origine	**país de origem**
péage	**pedágio**
pêche (fruit)	**pêssego**
pêcher	**pescar**
pêcheur	**pescador**
peigne	**pente**
peintre	**pintor**
peinture	**pintura**
pellicule	**filme fotográfico** *(m.)*
pendant	**durante**
pensée	**pensamento** *(m.)*
penser	**pensar**
perdre	**perder**
père	**pai**
permis de conduire	**carteira de motorista** *(f.)*
personne (nom)	**pessoa**
personne (≠ qqn)	**ninguém**
peser	**pesar**
petit	**pequeno**
petit-déjeuner	**café da manhã**
petit/e ami/e	**namorado/-a**

peu	**pouco**
peu (un ~)	**um pouco**
peur	**medo**
peut-être	**pode ser**
phare	**farol**
pharmacie	**farmácia**
photo	**foto**
pièce de monnaie	**moeda**
pied	**pé**
pierre	**pedra**
pile (électrique)	**pilha**
piment	**pimenta**
piquant	**picante**
piqûre	**picada**
piscine	**piscina**
place (en ville)	**praça**
plage	**praia**
plaie	**ferida**
plainte	**denúncia, queixa**
plaire	**agradar**
plan	**mapa**
plante	**planta**
plantation	**plantação**
plastique	**plástico**
plat *(adj.)*	**chato**
plat (nourriture)	**prato**
platine	**platina**
plein	**cheio**
plein (faire le ~)	**encher**
pleuvoir	**chover**
plonger	**mergulhar**
pluie	**chuva**
plume	**pena**
plus	**mais**
plusieurs	**vários**
plus tard	**mais tarde**
plus tôt	**mais cedo**
plutôt	**antes**
pneu	**pneu**
poche	**bolso** *(m.)*
poids	**peso**
pointu	**pontudo**
pointure	**tamanho**
poitrine	**peitos, seios**
poivre	**pimenta** *(f.)*
police	**polícia**
policier	**policial**
pommade	**pomada**
pomme	**maçã**
pomme de terre	**batata**
pompier	**bombeiro**
pont	**ponte**
porc	**porco**
port	**porto**
porte	**porta**
porte-monnaie	**porta-moeda**
portefeuille	**carteira** *(f.)*
porter	**carregar**
poser	**colocar**
possible	**possível**
pouce	**dedão**
poule	**galinha**
poulet	**frango**
poumon	**pulmão**
poupée	**boneca**
pour	**para**
pourboire	**gorjeta** *(f.)*
pourcentage	**porcentagem** *(f.)*
pourquoi ?	**por que?**
pousser	**empurrar**
pouvoir	**poder**
précieux	**precioso**
préférer	**preferir**
prendre	**pegar**
préservatif	**preservativo**
presque	**quase**
pressé (être ~)	**apressado (estar ~)**
prêt (être ~)	**pronto (estar ~)**
prêter	**emprestar**
prix	**preço**
profond	**profundo**
programme	**programa**
promenade	**passeio** *(m.)*
propre	**limpo**
propriétaire	**proprietário**

protéger	**proteger**
prune	**ameixa**
pull	**agasalho**

Q

qualité	**qualidade**
quand	**quando**
quartier	**bairro**
que, quoi	**que**

R

racine	**raíz**
radio	**rádio** *(m.)*
raisin	**uva** *(f.)*
raison (avoir ~)	**razão (ter ~)**
ralentir	**dimunuir**
ramasser	**recolher**
rapport amoureux	**relaciona-mento**
rare	**raro**
rasoir	**barbeador**
réception (hôtel)	**recepção**
récif	**recife**
réclamer	**reclamar**
récolte	**recolta**
recommander	**recomendar**
réduction	**desconto** *(m.)*
réel	**real**
réfrigérateur	**geladeira** *(f.)*
refuser	**negar**
regarder	**olhar**
régime	**regime** *(m.)*
région	**região**
règle (loi)	**regra**
rein	**rim**
réinvestir	**reinvestir**
relaxer	**relaxar**
rembourser	**reembolsar**
rendez-vous	**encontro**
renseignement	**informação** *(f.)*
réparer	**consertar**
repas	**refeição** *(f.)*
reposer (se ~)	**descansar**
requin	**tubarão**
réservation	**reserva**
réserve	**reserva**
réserver	**reservar**
restaurant	**restaurante**
retour	**retorno**
retrait d'argent	**sacar**
réveil	**despertador**
réveiller	**acordar**
revenir	**voltar**
revue	**revista**
rez-de-chaussée	**térreo**
rien	**nada**
de rien (de ~)	**de nada**
rire	**rir**
rivière	**rio** *(m.)*
riz	**arroz**
robe	**vestido** *(m.)*
robinet	**tomina** *(f.)*
rocher	**rochedo**
roman	**romance**
rond	**redondo**
rose	**rosa**
rôti	**assado**
roue	**roda**
rouge	**vermelho**
route	**estrada**
rue	**rua**

S

sable	**areia** *(f.)*
sac	**bolsa** *(f.)*
saigner	**sangrar**
saison	**temporada, estaçao**
salade	**salada**
salaire	**salário**
sale	**sujo**
salé	**salgado**
salon	**sala** *(f.)*
salut !	**tchau!, oi!**
samedi	**sábado**
sandale	**sandália**
sandwich	**sanduiche**
sang	**sangue**

sans	**sem**
santé	**saúde**
santé !	**saúde!**
sauce	**molho** *(m.)*
saucisse	**sauchicha**
sauterelle	**gafanhoto** *(m.)*
sauvage	**selvagem**
savoir	**saber**
savon	**sabão**
sec	**seco**
sèche-cheveux	**secador de cabelo**
sécurité	**seguro, segurança**
sel	**sal**
self-service	**self-service**
semaine	**semana**
septembre	**setembro**
serpent	**cobra** *(f.)*
serviette (pour manger)	**guardanapo** *(m.)*
serviette de bain	**toalha de banho**
servir	**servir**
shampoing	**shampoo**
siège	**poltrona** *(f.)*
signature	**assinatura**
signer	**assinar**
silencieux	**quieto**
soda	**refrigerante**
sœur	**irmã**
soir	**noite** *(f.)*
soirée	**noite**
soja	**soja**
soleil	**sol**
solide	**sólido**
sortie	**saída**
sortir	**ficar**
soupe	**sopa**
souris (ordinateur)	**mouse** *(m.)*
sous	**embaixo**
souvenir (acheter un ~)	**lembrança** *(f.)* **(comprar uma ~)**
souvent	**com frequência**
spécialité	**especialidade**
sport	**esporte**
stade	**estádio**
station-service	**posto de gasolina** *(m.)*
steak	**bife**
sucre	**açúcar**
sucré	**doce**
sucrerie	**bala, doces**
sud	**sul**
supporter qqch.	**agüentar**
sur	**em cima**
sûr	**seguro**
surnom	**apelido**
surprise	**surpresa**
surveiller	**vigiar**
synagogue	**sinagoga**

T

table	**mesa**
tableau	**quadro**
taille	**tamanho**
tante	**tia**
tapis	**tapete**
tard	**tarde**
tarte	**torta**
taureau	**touro**
tasse	**xícara**
téléphone public	**orelhão**
téléphoner	**telefonar**
tenir dans les bras	**abraçar**
tente	**barraca**
terminus	**ponto final**
terrain de camping	**camping**
terre	**terra**
tête	**cabeça**
thé	**chá**
théâtre	**teatro**
ticket	**bilhete**
tiède	**morno**
timbre	**selo**
tire-bouchon	**saca-rolha**

tissu	**tecido**
toilettes	**banheiro**
toit	**teto, telhado**
tomate	**tomate** *(m.)*
tomber	**cair**
tortue	**tartaruga**
toucan	**tucano**
toujours	**sempre**
tourner	**virar**
tousser	**tossir**
tout de suite	**já**
tout va bien !	**tudo bem!**
toux	**tosse**
traduire	**traduzir**
traduction	**tradução**
tranche	**fatia**
tranquille	**tranquilo**
travail	**trabalho**
travailler	**trabalhar**
traverser	**atravessar**
très bien !	**muito bem!**
tribu	**tribo**
triste	**triste**
trouver	**achar**
tronc	**tronco**
trop	**muito**
trottoir	**calçada** *(f.)*
troupeau	**rebanho**
trouver un moyen	**dar um jeitinho**
turquoise	**turquesa**

U

urgent	**urgente**

V

vacances	**férias**
vaccin	**vacina** *(f.)*
vache	**vaca**
vague	**onda**
valise	**mala**
vapeur	**vapor**
varié	**variado**
veau	**bezerro**
végétarien	**vegetariano**
végétation	**vegetação**
vendre	**vender**
vendredi	**sexta-feira**
venir	**vir**
ventre	**barriga** *(f.)*
verre	**copo**
vert	**verde**
veste	**casaco** *(m.)*
vêtement	**roupa** *(f.)*
veuf	**viúvo**
viande	**carne**
viande séchée	**carne seca**
vieux	**velho**
vin	**vinho**
vinaigre	**vinagre**
violet	**violeta, roxo**
virage	**curva**
visa	**visto**
visage	**rosto, cara**
visite	**visita**
vitesse	**velocidade**
voir	**ver**
voix	**voz**
voiture	**carro** *(m.)*
voler (oiseau)	**voar**
voler (= dérober)	**roubar**
vouloir	**querer**
vous vous en foutez	**não estar nem aí!**
vous, tu	**você**
voyage	**viagem** *(f.)*
vrai	**verdade**
vraiment	**verdadeira-mente**

W, X, Y, Z

webcam	**camera** *(f.)*
xylophone	**xilofone**
yaourt	**iogurte**
zone	**zona**
zoologique	**zoológico**

Achevé d'imprimer par Corlet, Imprimeur, S.A. - 14110 Condé-sur-Noireau
N° d'édition : 3068 - N° d'Imprimeur : 143702 - Dépôt légal : janvier 2012
Imprimé en France